Herbert Fendrich

AUF DEN ZWEITEN BLICK

REMBRANDT UND DIE BIBEL

Herbert Fendrich

AUF DEN ZWEITEN BLICK

REMBRANDT UND DIE BIBEL

kbw bibelwerk

www.bibelwerk.de

ISBN 13: 3-460-27227-9

Umschlaggestaltung: Finken & Bumiller, Stuttgart
Satz und Layout: Anna-Katharina Stahl, Stuttgart
Druck und Bindung: Ludwig Auer Gmbh, Donauwörth

INHALTSVERZEICHNIS

AUF DEN ZWEITEN BLICK...

STATT EINER EINLEITUNG

Ich weiß, dass das nicht die richtige Reihenfolge ist. Aber ich möchte hinten anfangen. Ganz hinten. Beim letzten Bild. Beim letzten Blick (vgl. Farbtafel 1).

Im Sommer 2005 habe ich diesem Blick zum ersten Mal im Original gegenüber gestanden. Im Stockholmer Nationalmuseum. Ich war gespannt, fast aufgeregt. Ich kannte dieses Bild ja gut. Immer wieder habe ich es in Abbildungen betrachtet, in Dias präsentiert und zu erschließen versucht. Aber in einem Detail war ich mir ganz unsicher. Jetzt wollte ich Klarheit. Täuschten mich die Abbildungen? Oder war wirklich etwas mit diesem Bild nicht in Ordnung? Mit diesem Blick? [vgl. ABB. 1]

Aber warten wir noch einen Augenblick. Das Bild ist so schon beeindruckend genug. Dieses letzte Bild, das sichtbar mit letzter Kraft gemalt worden ist.

Es erzählt viele Geschichten. Die erste steht in der Bibel, im zweiten Kapitel des Lukasevangeliums. Es ist die Geschichte eines alten Mannes, der Simeon hieß. Der hatte fest daran geglaubt, dass Gott sein Volk Israel erlösen wollte. Und ebenso fest glaubte er, dass er noch den Erlöser, den Messias, erleben würde. Das hatte ihm Gott versprochen. Ich weiß nicht wie. Jeden Tag geht der alte Mann in den Tempel zu Jerusalem. Er wartet. Und betet. Und wartet. Er

[ABB. 1 SIMEON MIT JESUS IM TEMPEL]

weiß ganz sicher: Eines Tages wird hier der Messias in den Tempel kommen.
Eines Tages ... eines Tages kommt ein Ehepaar in den Tempel. Sie haben ihr Kind mitgebracht. Ein paar Wochen alt. Offensichtlich sind das arme Leute. Sie können nicht einmal das volle Opfer darbringen, das nach dem Gesetz für eine Frau nach der Geburt eines Kindes vorgeschrieben ist: ein Schaf. Sie bringen nur das Arme-Leute-Opfer mit: zwei Tauben.
Einer sieht durch all diese Armut hindurch: der alte Simeon. Er hatte vielleicht etwas ganz Großartiges erwartet: Glanz und Herrlichkeit, Pracht und Reichtum, Macht und Größe. Aber jetzt weiß er: Dieses winzig kleine Kind, das da mit seinen armen Eltern in den Tempel kommt, ist der Erlöser. Gott hat sein Versprechen wahr gemacht: für ihn, den alten Simeon, für sein Volk Israel, ja für alle Völker der Erde: Die Erlösung ist nahe. Simeon nimmt das Kind – seine steifen Arme können es kaum noch halten – und singt voller Freude:

// NUN LÄSST DU, HERR, DEINEN KNECHT,
WIE DU GESAGT HAST, IN FRIEDEN SCHEIDEN.
DENN MEINE AUGEN HABEN DAS HEIL GESEHEN,
DAS DU VOR ALLEN VÖLKERN BEREITET HAST,
EIN LICHT, DAS DIE HEIDEN ERLEUCHTET,
UND HERRLICHKEIT FÜR DEIN VOLK ISRAEL. //

[Lk 2,29-32]

Der Lobgesang des Simeon. Ich habe dieses Bildthema immer als eine ungeheure Herausforderung empfunden. Wie kann man diesen Augenblick erfassen? Ein uralter Mann, ein ganz kleines Kind. Die Grenze von Leben und Tod. Und die Gewissheit der Erlösung.

Nun ist es Zeit für die zweite Geschichte, die dieses Bild erzählt. Die zweite Geschichte ist die eines alten Mannes, der Rembrandt hieß. Der war freilich schon zu Lebzeiten ein hochgeschätzter Künstler, und heute ist noch das kleinste Bild von ihm ein Vermögen wert. Aber besonders viel Glück hat Rembrandt in seinem Leben nicht gehabt: Drei Kinder sind ihm gestorben, nur wenige Wochen alt. Nach der Geburt des vierten Kindes stirbt seine schöne und reiche Frau Saskia. Und der Sohn Titus, der ihm geblieben war, stirbt schließlich auch, ein Jahr vor Rembrandts Tod, 26 Jahre alt. Mit Geld konnte der Maler überhaupt nicht umgehen: Obwohl er sehr viel verdient, macht er Schulden über Schulden, schließlich ist er bankrott. (Titus und Hendrickje, die Frau, mit der Rembrandt zuletzt zusammenlebte, können Rembrandt vor größter Armut bewahren; er kann weitermalen, aber Geld bekommt er nicht mehr in die Hand.)
Ein schönes Leben – ein trauriges Leben? Ein erfülltes Leben – ein verpfuschtes Leben? – Rembrandt greift zum letzten Mal zum Pinsel. Er weiß, dass er bald sterben wird:

// NUN LÄSST DU, HERR, DEINEN KNECHT,
WIE DU GESAGT HAST, IN FRIEDEN SCHEIDEN.
DENN MEINE AUGEN HABEN DAS HEIL GESEHEN [...] //
[Lk 2,29.30]

Ja, diese beiden Geschichten erzählt das Bild zugleich. Das Leben des Malers Rembrandt und sein Werk, die Geschichten, die seine Bilder – nicht nur die zu biblischen Themen – erzählen, und die Biographie sind immer wieder miteinander verwoben. Oft sind das überraschende Verknüpfungen, manchmal aber auch irritierende Spannungen. Rembrandts berühmtestes Bild, die sogenannte „Nachtwache“

im Amsterdamer Rijksmuseum, entsteht 1642, im Jahr als Saskia stirbt. Und im Jahr des Konkurses 1656 entsteht ein so bewegendes biblisches Bild wie der „Segen Jakobs“ aus der Kasseler Gemäldegalerie.

Rembrandt ist ein zu Recht berühmter und gefeierter Künstler, einer, der alles kann, sich an jedes Thema wagt und überall Meisterwerke schafft. Einzelporträts, Gruppenporträts, Tiere, Landschaften, Historien, biblische Themen. Eine bemerkenswerte Universalität, zu einer Zeit, als sich im reichen Holland dank glänzender Auftragslage schon so etwas wie eine Fachmalerei herausgebildet hat. Man muss da nichts hineingeheimnissen, Rembrandt ist eine herausragende malerische Begabung, voller Schaffenskraft und Vitalität, mit unermüdlichem Einfallsreichtum. Aber ich werde den Eindruck nicht los, dass die besondere Intensität und Überzeugungskraft mancher Bilder auf dieser ganz persönlichen Beziehung zwischen seinen Themen und seinem Leben beruht.

Womit wir wieder bei unserem Simeon wären. Und seinem Blick, den ich nicht zu fassen vermochte. Was ich immer wieder gesehen habe und wovon ich mich am Original in Stockholm überzeugen wollte: Dieser Simeon hat zwei Gesichter.

Die rechte Gesichtshälfte erscheint mir wie das Gesicht eines Toten. Es wirkt ganz ruhig, vielleicht sogar entspannt. Auf jeden Fall: Auge und Mund sind geschlossen. [vgl. ABB. 2]

Ganz anders die linke Gesichtshälfte. Das Auge ist zumindest halb geöffnet. Es könnte nach unten blicken, zu dem kleinen Kind auf den steifen Armen. Oder nach innen. Und der Mund ist geöffnet. Simeon singt sein Lied auf die Erlösung und den Erlöser. [vgl. ABB. 3]

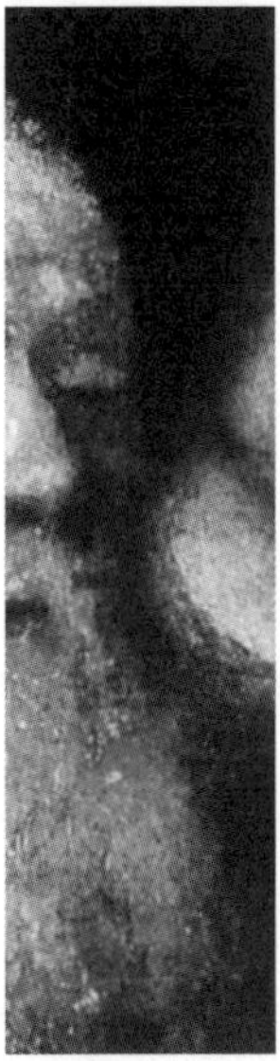

[ABB. 2]

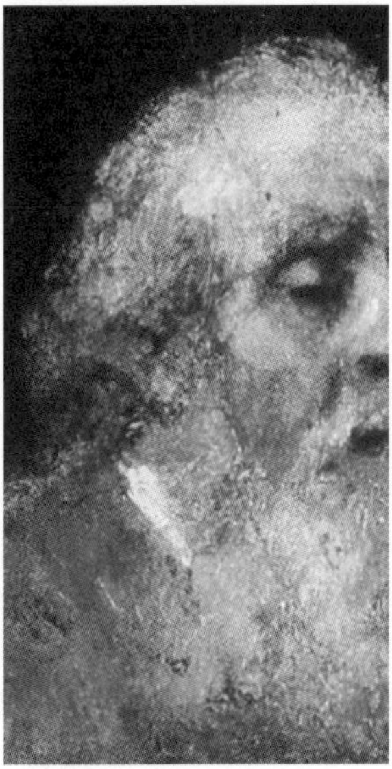

[ABB. 3]

[ABB. 4]

Rembrandt hat hier nicht nur ein ganz ungewöhnliches Bild eines Menschen auf der Schwelle zwischen Leben und Tod, zwischen Tod und Leben gemalt. Wie ganz häufig in seinem gesamten Werk seit der frühesten Zeit geht es auch in seinem letzten Bild um die Grenze zwischen „Sehen" und „Nichtsehen". Der, der da singt: Meine Augen haben gesehen, er sieht und sieht doch nicht. Das, was er sieht, ist kein einfaches Sehen mit der natürlichen Sehkraft. Es ist ein Durchblick der besonderen Art, dieser letzte Blick. [vgl. ABB. 4]

DA GINGEN IHNEN DIE AUGEN AUF

KLEIN – ABER FEIN

Als 18-jähriger war ich zum ersten Mal in Paris. Der Besuch des Louvre war Pflicht, insbesondere die „Mona Lisa" des Leonardo musste man gesehen haben. Die Enttäuschung war riesengroß: War das alles? Ein ziemlich kleines Bild, eine Frau, die merkwürdig lächelt, ein bisschen Landschaft im Hintergrund? Das soll eines der ganz großen Werke der Weltkunst sein? Ähnlich mag es dem Betrachter auch mit einem anderen Bild desselben Museums gehen: Rembrandts Darstellung des Emmausmahles von 1648. Das ist nicht nur „irgendein Rembrandt". Dieses Bild gilt als Meisterwerk des Malers (1606-1669) in seiner Reifezeit, unter den zahlreichen Darstellungen Rembrandts zum Emmausthema als der alles überragende, große Wurf (vgl. Farbtafel 2). Für viele enthusiastische Urteile mag das von Eugene Fromentin stehen, einem der großen Kunstkritiker zu Beginn des 20. Jahrhunderts: „Dieses kleine Bild, das so ärmlich aussieht, das keine Szenerie aufweist, das matt in der Farbe und in der Ausführung diskret und beinahe linkisch ist, würde allein genügen, um für alle Zeiten die Größe eines Mannes darzutun".

Auf den ersten Blick drängt sich so ein Urteil gewiss nicht auf. Auf den ersten Blick ist man mit diesem Bild schnell fertig: [vgl. ABB. 5]

[ABB. 5 DAS MAHL IN EMMAUS]

Ein hoher Raum, im Hintergrund eine dunkle Nische, flankiert von zwei Pilastern, rechts eine Tür im Schatten, links wird man wegen des Lichteinfalls und der angedeuteten Brüstung ein hohes Fenster vermuten dürfen. Vier Personen um einen karg gedeckten Tisch, kaum Handlung: einer auf einer Bank hinter dem Tisch, frontal uns zugewandt, von einem merkwürdigen Lichtschein umgeben; rechts und links auf Stühlen zwei Männer in verschiedenen Profilansichten dem mittleren zugewandt, hinter dem älteren rechts kommt ein junger Mann mit einem Tablett heran. In der linken Ecke kauert – im tiefen Schatten kaum erkennbar – ein Hund, der an einem Knochen nagt.

Ebenso rasch kann man die Szene mit dem Text der Emmausgeschichte Lk 24,13-35 deuten: Der Mann auf der Bank ist Christus, der in Emmaus das Brot bricht. Die Männer mit ihm am Tisch sind die beiden Jünger, die in verhaltenen Reaktionen zeigen, dass sie in dem unbekannten Wegbegleiter Christus erkennen, // ALS ER DAS BROT BRACH // [Lk 24,35]. Der Diener, den der Text nirgends erwähnt, mag veranschaulichen, dass man sich die Szene in einem Wirtshaus vorstellen soll. In ein solches Ambiente passt auch der Hund. Fertig!

Fertig? Soviel ist klar: Wäre mit diesen Beobachtungen und Deutungen die Bildanschauung und Bildreflexion hinreichend erschöpft, dann wäre kaum zu erklären, warum dieses Bild ein bedeutendes Kunstwerk sein soll, ja was überhaupt an Bildern so besonders ist, dass wir sie „Kunstwerke" nennen. Und ein zweites: Es stellt sich dann auch die Frage, wozu ein Bild zu einem christlichen Thema, zu einem biblischen Text, gut sein soll. Wir erfahren durch das Bild nichts Neues, nicht mehr, als der Text sagt, eher weniger: Die Darstellung ist auf einen einzigen Augenblick aus dem Ganzen der Geschichte beschränkt.

Im Folgenden soll eine intensivere Bildbeschreibung und -reflexion versucht werden, die gerade diese Fragen immer wieder einbezieht: Was ist das Besondere dieses Bildes – und der Bilder überhaupt? Wo eröffnet es eine Erfahrung, die so außerhalb des Bildes nicht zu haben ist? Und schließlich: Ist dieses „Besondere“ etwas, das die Bildsprache als Glaubenssprache unentbehrlich macht? Hilft die Bildanschauung zu einem tieferen Verstehen und Erleben der dargestellten Szene und ihres Kontextes?
Wer nach dem „Spezifikum“ eines Bildes fragt, tut gut daran, zunächst die Aufmerksamkeit dem zuzuwenden, was das Eigentliche dieses Mediums ist. Es handelt sich bei einem Tafelbild um eine bemalte Fläche, auf der der Maler die Bildelemente zu organisieren hat: Formen und Farben, Gegenstände, Personen, Architektur, Räume. Diese Organisation der Bildelemente auf der Fläche bezeichnet man gewöhnlich als Komposition. Bei der Kompositionsanalyse ist es wichtig, die formalen Beobachtungen in ihrer Bedeutung für den Bildinhalt zu erkennen: die Form muss als wesentlicher Ausdrucksträger der Botschaft des Bildes ernst genommen werden.

LOCKERE SYMMETRIE

Das Gemälde variiert in auffälliger Weise immer wieder eine Grundstruktur. Es wird auf symmetrische Relationen angespielt, sie werden aber nie voll eingelöst. Es gibt eine Tendenz zur Zentralisation, zum Gleichgewicht zwischen rechts und links, aber sie wird nicht streng durchgeführt. Christus sitzt in der Mitte zwischen den Jüngern, aber der junge Wirt, der hinzutritt, stört das symmetrische Arran-

[ABB. 6]

gement. Die Tischgruppe selbst nimmt nicht das Zentrum der Bildfläche ein, sie ist nach links hin verschoben. Die Raumarchitektur, die Nische mit den flankierenden Pilastern, liefert einen weitgehend symmetrischen Hintergrund und hebt Christus besonders hervor; aber dieser sitzt nicht exakt in der Mittelachse der Nische, sondern ein wenig

links davon. Gleiches gilt für den Platz Christi auf der Bank und seine Position hinter dem Tisch. Auffällig ist auch eine klare geometrische Ordnung, die durch die Person Christi bestimmt wird; sein Scheitel markiert exakt die halbe Höhe des Bildes, die halbe Breite des Bildes zeigt sein linker Ellenbogen an. So wird durch die Hauptperson die Mittelhorizontale und die Mittelvertikale bestimmt; zugleich befindet sie sich aber nicht auf diesen geometrischen Hauptachsen des Bildes, sondern außerhalb ihrer. [vgl. ABB. 6]
Was drückt eine solche locker-symmetrische Bildordnung aus? Strenge Proportionalität und klare geometrische Aufteilung der Bildfläche – wie etwa in der byzantinischen Kunst – meinen in der religiösen Kunst eigentlich immer die jenseitige Welt, sie werden verstanden als Ausdrucksträger einer überweltlichen, göttlichen Ordnung und Schönheit. Umgekehrt kann man alle gegenläufigen Tendenzen eines Bildes als Elemente einer irdischen Welt, alltäglicher und profaner Verhältnisse deuten. Die bewegte Symmetrie, die harmonische Dissonanz in Rembrandts Emmausbild verbindet also die Gegensätze Sakralität – Profanität. Dies aber ist genau das Thema der Geschichte: Die Christusoffenbarung in Emmaus ist Begegnung mit Gott/Christus im „Alltag". Dargestellt ist der Augenblick, wo „Zeit" und „Ewigkeit" sich einen Moment lang berühren.
Diese Erfahrung zu vermitteln, ist der Sinn der beschriebenen Bildordnung. Hier zeigt das Bild eine Fähigkeit, die besonders die Sprache der Malerei auszeichnet: Die Gegensätze, die im Augenblick der Offenbarung zusammenfallen, werden ohne Vernachlässigung des einen oder anderen Aspekts zugleich anschaulich gemacht. Dies kann die verbale Sprache, in der es nur ein „Nacheinander" gibt, nicht.

Ähnlich wird man die Lichtregie des Bildes deuten können. Das Wechselspiel von Licht und Schatten, das berühmte Rembrandtsche Hell-Dunkel, ist ja nicht einfach eine künstlerische Manier ohne tieferen Sinn; die Beleuchtung hat – gerade in diesem Bild – eine entscheidende Aussagequalität.

Der Bildraum wird zugleich von natürlichem und übernatürlichem Licht erfüllt, die natürliche Lichtquelle ist außerhalb des Bildes zu orten: Sonnenlicht, das durch das hohe Fenster von links einfällt. Die andere Lichtquelle ist im Bild Christus selber. Er ist nicht – wie in der Kunst früherer Jahrhunderte – mit einem scharf umgrenzten Heiligenschein gekennzeichnet, sondern er strahlt wirklich, erleuchtet die irdische Welt, den Raum, die Dinge, die Menschen.

Die Spannung zwischen Licht und Schatten, Hell und Dunkel, übernatürlichem und natürlichem Licht lässt sich nun konsequent vom Thema des Bildes her deuten: Der unbekannte Wanderer offenbart sich als der Auferstandene, der Sohn Gottes tritt aus der Verborgenheit hervor und zieht sich sogleich („dann sahen sie ihn nicht mehr“ Lk 24,31) wieder in die Verborgenheit zurück. Oder von den Jüngern her gesehen: das „Dunkel“ der Trauer und des Nichterkennens („sie waren wie mit Blindheit geschlagen“, so die Einheitsübersetzung, wörtlich übersetzt: „ihre Augen waren gehalten“ Lk 24,16; Vers 17 erwähnt die „finsteren Gesichter“) weicht dem „Licht“ der Erkenntnis. Dieses Erkennen ist kein „natürliches Sehen“, nicht etwas, das Menschen von sich aus können. In diesem Zusammenhang kann man fragen, ob man nicht das Licht vom Fenster her auch

als „übernatürlich“ deuten könnte. Denn es handelt sich beim Emmausmahl doch um ein Abendmahl, eine Szene nach Einbruch der Dunkelheit: „... der Tag hat sich schon geneigt“ (Lk 24,29). Wie kann dann die Sonne noch hoch am Himmel stehen?
Man kann also mit einigem Recht vermuten, dass Rembrandt das Licht von außen tatsächlich auch „übernatürlich“ verstanden haben wollte, als Hinweis auf eine „Erleuchtung“, die die // ERKENNTNIS DES GÖTTLICHEN GLANZES AUF DEM ANTLITZ CHRISTI // [2 Kor 4,6] erst möglich macht. Dies erzählt eigentlich jede Ostergeschichte, das ist eine Grundstruktur des Offenbarungsaktes. Der Mensch kann nicht von sich aus Gott sehen. Es ist immer zuerst Tat Gottes, wenn dem Menschen die Augen aufgehen und er Gott schaut.

VOM TOD ZUM LEBEN

Das auffälligste Element der planimetrischen Komposition ist die Anordnung der Köpfe des linken Jüngers, Christi und des Wirtes auf einer Geraden, deren streng geometrischer Charakter noch dadurch unterstrichen wird, dass die Abstände zwischen den Köpfen nahezu gleich sind. [vgl. ABB. 7]
Bei der Deutung sollte man ernst nehmen, dass diese beherrschende Schräge – wenn man das Bild von links nach rechts „liest“ – von unten nach oben aufsteigt (die Leserichtung von links nach rechts ist ein optisch-psychologisches Prinzip der Wahrnehmung von Bildern, das man in zahlreichen Experimenten bestätigt hat). Es lässt sich nun immer wieder beobachten, dass in Bildern, die die Auferstehung Christi zum Thema haben, ein zentrales Bildelement – etwa ein Sarg oder Sargdeckel, auch andere Land-

[ABB. 7]

[ABB. 8]

schafts- und Architekturdetails – als aufsteigende Schräge hervortritt. Da liegt doch die Vermutung nahe, dass eine solche Komposition nicht zufällig ist. Man kann vielleicht sagen: Die aufsteigende Schräge soll als ausdruckstarkes, formales Element eine dem Bildthema entsprechende Bewegung vermitteln: Auf-Erstehung, eine Emotion wie Hoffnung, Freude, Lebensmut. Wenn man diese Betrachtung und ihre Deutung akzeptiert, so kann man noch aufmerksam werden für eine etwas weniger markante kompositionelle Schräge, die von der Fensterbrüstung links ausgeht, durch Kopf, Hand und Unterarm des linken Jüngers führt und mit dem nach rechts unten führenden Bogen des Tischgestells endet. [vgl. ABB. 8]

Diese fallende Schräge müsste dann konsequenterweise das Gegenteil der steigenden ausdrücken: Verzweiflung, Angst, Hoffnungslosigkeit. Beide Beobachtungen zusammen führen dann aber wieder genau ins Zentrum der Emmausgeschichte, veranschaulichen, was in diesem Augenblick am Tisch in Emmaus geschieht: Traurigkeit und

[ABB. 9]

[ABB. 10]

Niedergeschlagenheit verwandeln sich in die freudige Gewissheit, dass der Totgeglaubte lebt, wobei es dem inneren Gehalt dieser Szene vollkommen entspricht, dass die steigende Schräge sehr viel markanter hervortritt als die fallende, dass also die Freude über die Trauer, das Leben über den Tod triumphiert.

DISTANZ UND NÄHE

Wenden wir uns nun der Gestalt Christi zu, zunächst im Kontext des Bildes, in Relation zu den anderen Personen, zum Raum und zum Ambiente der Szene. Christus sitzt in der Mitte zwischen den Jüngern: So bildet sein Haupt die Spitze eines stumpfwinkligen, gleichseitigen Dreiecks. [vgl. ABB. 9]

Diese streng geometrische Komposition entspricht der traditionellen Hierarchie eines religiösen Bildes: die Hauptfigur in der Mitte an höchster Stelle, die Nebenfiguren

zur Seite und tiefer. Entscheidend für den Bildausdruck ist aber, dass diese hierarchische Komposition entkräftet wird durch den hinzutretenden Wirt. Durch ihn entsteht ein konkurrierendes Kompositionselement, die bereits erwähnte Schräge, in der Christus nicht mehr über-, sondern ein- und untergeordnet erscheint. [vgl. ABB. 10]
Christus sitzt annähernd vor der Mitte der hohen Nische hinter ihm. Sie hebt ihn besonders hervor, wirkt wie ein Hoheitsattribut; vor dem tiefen Schatten, der in ihr liegt, tritt der Lichtglanz Christi besonders deutlich hervor. Aber die Nische grenzt Christus nicht einfach von seinen Jüngern ab; sie sitzen jeweils genau vor dem Rand und haben so an diesem Würdezeichen Anteil. Gleiches gilt für das weiße Tischtuch vor dem Auferstandenen, das ihn besonders auszeichnet, indem es als stärkster Helligkeitswert des Bildes sein Licht und das Licht vom Fenster reflektiert; aber die Teller beider Jünger und das Mundtuch des rechten liegen jeweils auf dem Rand des Tuches und zeigen so die Verbundenheit auch mit diesem Hoheitsmotiv an. Schließlich ist auch auffällig, dass die Jünger – planimetrisch gesehen – durch fast keilförmige Zwischenräume von Christus getrennt sind; diese Isolation wird aber dadurch aufgehoben, dass – wiederum planimetrisch gesehen – die Konturen der drei nahtlos ineinander übergehen und sie so anschaulich zu einer Einheit zusammengeschlossen sind. [vgl. ABB. 11]
Im Bild wird hier eine Situation sinnlich anschaulich gemacht, die sich am ehesten in Gegensatzpaaren beschreiben lässt:

ÜBERORDNUNG	UND	EINORDNUNG,
ISOLATION	UND	GEMEINSCHAFT,
DISTANZ	UND	NÄHE.

[ABB. 11]

Dies alles sind aber inhaltliche Elemente, die ganz wesentlich zur Struktur der Emmausgeschichte gehören und die Ostererfahrungen insgesamt bestimmen. Das Bild kann hier etwas, was kein Text, keine Erzählung kann: entgegengesetzte Sinnschichten, die man sprachlich nur nacheinander und isoliert beschreiben kann, werden zu einer ästhetischen Einheit zusammengeschlossen und so in ihrer Zusammengehörigkeit als Ganzheit erfahrbar.

Mit kaum einem Christusbild der Neuzeit hat man sich eingehender auseinander gesetzt als mit dem Typus, den Rembrandt in diesem Emmausbild vor Augen stellt. Das muss erklärt werden:

In Rembrandts Werkstatt sind eine ganze Reihe kleinformatiger Ölskizzen entstanden, die offensichtlich als Studien für ein Christusbild gedacht waren. Eines dieser Bilder – das bekannteste hängt in der Gemäldegalerie Berlin – ist im Konkursverzeichnis Rembrandts als ein „Christus tronie nae't leven" – „ein Bildnis Christi nach dem Leben" – vermerkt (vgl. Farbtafel 3). Diese Porträtskizzen zeigen unverkennbar einen jungen Mann mit jüdischer Physiognomie. Rembrandt nahm sich als Modell einen jungen Juden, vermutlich einen Schüler der Rabbinerschule, die in unmittelbarer Nachbarschaft von Rembrandts Haus lag. Der Christus des Emmausbildes zeigt eben diesen Typus.

Dies ist nun in der Tat ungewöhnlich. Das Gesicht eines Juden wird gegen alle Tradition für Rembrandt zum Gesicht Christi. Absicht und Wirkung dieses ganz neuen Christusbildes sind schon in der Formulierung aus dem Konkursverzeichnis angedeutet: „Bildnis Christi nach dem Leben". Rembrandt suchte und fand in dem jungen Juden eine Ahnung davon, wie Jesus, der Mensch, der Jude wirklich ausgesehen haben könnte. Dieser Charakter individueller Menschlichkeit hat in der Emmausgeschichte auch einen guten thematischen Sinn: er steht im Dienste des „Inkognito" Christi; die Jünger haben schließlich einen Menschen eingeladen, von dessen verborgener Identität sie nichts ahnen.

Aber die Gültigkeit dieses Christusbildes geht noch über

[ABB. 12 CHRISTUSKOPF/JESUS NACH DEM LEBEN]

die Emmausgeschichte hinaus. Hier wird eine Grundstruktur greifbar: Christus, der „wahre Mensch". So und nicht anders war er in seinem irdischen Leben erfahrbar, keine großartigen äußeren Kennzeichen wiesen auf seine göttliche Würde hin. [vgl. ABB. 12]

Rembrandt hat darüber hinaus in diesem „menschlichen" Bild Christi noch einen besonderen Akzent gesetzt. Der junge Jude, nach dem das Bild entstand, war nicht „irgendein" Jude. Er gehörte zur Gruppe der Sephardim, der südeuropäischen Juden. Die Juden aus Spanien und Portugal hatten damals in Amsterdam, der Heimatstadt Rembrandts, Asyl gesucht, weil sie vor den Verfolgungen der Inquisition fliehen mussten. Das erlittene Schicksal ist den Gesichtern, die Rembrandt studierte, abzulesen.Seine Skizzen zeigen Menschen, die Leid und Grausamkeit der Welt kennen. Diese bitteren Züge hat Rembrandt für den

Christus des Emmausbildes noch verstärkt: die Augen geweitet, die Schatten um sie betont, die Backenknochen stärker hervortreten lassen. Dazu kommt der „Blick zum Himmel", eine deutliche Reminiszenz an traditionelle Bilder des leidenden Christus. Schließlich muss noch das leicht geneigte Haupt erwähnt werden. Mit dieser Profilierung des Leidensausdrucks, der gut in die Emmausgeschichte passt (// MUSSTE NICHT DER MESSIAS ALL DAS ERLEIDEN? // [Lk 24,26]), gewinnt Rembrandt wiederum einen wichtigen Akzent für das Christusbild generell: der Messias kommt nicht in die Welt in majestätischer Größe, ausgestattet mit den sichtbaren Attributen herrscherlicher Gewalt, sondern er erniedrigt sich in die Gestalt derer, die Gewalt erleiden, er ist der „leidende Gottesknecht".

Rembrandts Christusbild in seinem Emmausmahl wäre allerdings nur unzulänglich erfasst, würde die Beschreibung beim Menschlichkeits- und Leidensausdruck stehen bleiben. Ebenso unübersehbar hat der Maler die Göttlichkeit und Hoheit Christi anschaulich zu machen gewusst. Manches haben wir schon erwähnt: die Hervorhebung in der Figurenkonstellation, die hoheitliche Rahmung durch die Nische, besonders der Lichtglanz, der von ihm ausgeht. Darüber hinaus hat Rembrandt das individuelle Modell im Sinne der Christusbild-Tradition stilisiert: das in der Mitte gescheitelte, schulterlange, am Kopf glatte, dann leicht lockige Haar, die hohe Stirn, der – andeutungsweise noch zweizipflige – Bart, das „nahtlose" Gewand. Wichtig für den Hoheitsausdruck ist noch die ruhige Frontalität der Gestalt Christi, die ihn deutlich von den anderen Menschen abhebt. Sie ist typisch für Kultbilder, entrückt die dargestellte Person der Welt, auch durch die weitgehende Symmetrie, die eine frontale Darstellung der menschlichen Gestalt mit sich bringt. Die frontale Sicht entbehrt jeder Zufälligkeit, hebt so die Bindung an Zeit und Geschichte auf. Sie drückt schließlich – ganz im Sinne der Emmausgeschichte – Zuwendung und Entrückung, Ferne und Nähe zugleich aus.

Wir können zusammenfassen: Rembrandt sucht im Christusbild des Emmausmahles die Menschlichkeit und die Göttlichkeit Christi zu veranschaulichen, seine Niedrigkeit und Hoheit, seine Verborgenheit und sein Offenbarwerden. So entsteht, wenn man das überhaupt von einem Bild sagen darf, ein in besonderer Weise „richtiges", gültiges Christusbild. Dabei übertrifft das spezifische Leistungsvermögen des Bildes die Aussagemöglichkeit theologischer Begrifflichkeit. Auch das, was als Ganzheit verstanden werden will – wahrer Gott und wahrer Mensch, Erniedrigung und Erhöhung – kann verbalsprachlich nur sukzessiv und damit isoliert und segmentiert beschrieben werden. Das Bild kann solche gegensätzlichen Wesensmomente simultan präsentieren und somit in ihrer unauflöslichen Einheit erfahrbar machen.

Die Darstellung der Jünger ist deutlich auf einen Komplementärkontrast hin angelegt:

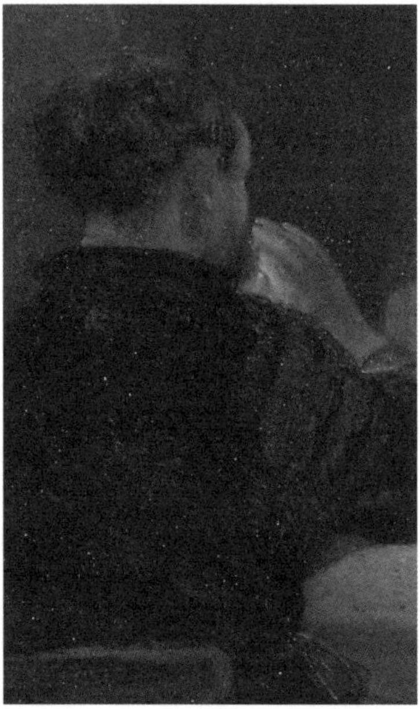

[ABB. 13]

JUNG
BARTLOS
SCHATTEN
BILDEINWÄRTS

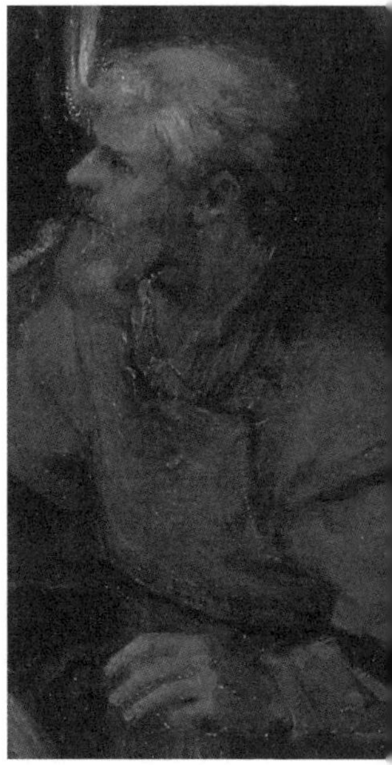

[ABB. 14]

ALT
BÄRTIG
LICHT
BILDAUSWÄRTS SITZEND

Das meint: nicht individuelle Typen sind mit diesen Jüngern gemeint, sondern der „Mensch an sich", der Christus erkennt – Identifikationsfiguren für jedermann zu jeder Zeit. Im Gegensatz zu früheren Bildern hat Rembrandt das Erkennen der Jünger nicht mehr in spektakulären äußeren Reaktionen gezeigt – erschrockenes Zurückfahren, Aufspringen – , sondern dieser Erfahrung einen ruhigeren, mehr innerlichen Ausdruck verliehen. „Glauben" ist eben mehr als ein Überrascht- und Überwältigtwerden durch ein offensichtliches Mirakel. Dafür steht insbesondere der Wirt im Bild: Sein unbeteiligtes Tun zeigt an, dass das „Sehen" und Erkennen Christi, der „Herrlichkeit" des Auferstandenen, eine Glaubenserfahrung ist. Der Wirt „sieht" nicht, was die Jünger sehen; und damit stellt Rembrandt klar, dass er in der Sprache seines Bildes – also in Sichtbarkeitsformen – eine Wirklichkeit zu erfassen sucht, die eigentlich unanschaulich ist.

EIN LEIB: DAS ABENDMAHL

Ohne Frage ist die Emmauserzählung Lk 24,13-35 eine ideale Ostergeschichte. Aber hier wird auch deutlich auf die Abendmahlspraxis der frühen Gemeinden angespielt und der Glaube an die Gegenwart des Auferstandenen im Gottesdienst verkündet: im Wort des Schriftgesprächs unterwegs und im Mahl beim „Brotbrechen", dem biblischen terminus technicus für den urchristlichen Gottesdienst. Diesen Kontext Emmausmahl – Abendmahl hat auch die Tradition der Emmausbilder immer wieder gesehen. Rembrandt, der Bibel-Text und Bild-Tradition gleichermaßen gut kennt, ist ihr darin gefolgt.

Sicher hat Rembrandt die Szene zunächst in den Alltag versetzt. Er macht die Atmosphäre eines Gasthauses glaubhaft: der Wirt, der Hund mit dem Knochen, der einfache Holztisch, Stühle und Bank, schließlich die „Garderobe" am rechten Pilaster. Dagegen aber steht die Anschauung

[ABB. 15]

eines kultischen Raumes. Schon die übergroße Höhe erweckt diesen Eindruck, der aber wesentlich durch die Nische mit den flankierenden Wandvorlagen getragen wird. Sie schließt den Raum nach hinten ab wie eine Apsis den Chorraum der Kirche. Die Szene wird also gleichsam in den traditionellen Altarraum versetzt.
Die Tischbedeckung, über dem großen „Tischteppich" ein schmuckloses, gefaltetes weißes Leinentuch, entspricht den Vorschriften der reformierten Kirche (Rembrandts Kirche im Holland des 17. Jahrhunderts) für die Altargestaltung. Der Tisch wird zum Altar. [vgl. ABB. 15]
Mehr als verwunderlich ist, dass der herankommende Wirt auf seinem Tablett offensichtlich nur ein paar Knochen bringt. Es liegt also nahe, nach einer symbolischen Deutung zu suchen. Im Gemäldekatalog des Louvre identifiziert der Kustos des Museums, J. Foucart, die Knochen als einen in zwei Teile zerbrochenen Lammschädel. Das wäre ja nicht nur ein Hinweis auf das „Lamm Gottes", auf den Opfertod Christi und seine eucharistische Bedeutung. Dieses Detail korreliert in frappierender Weise mit dem von Christus vollzogenen Gestus des Brotbrechens, denn das „Agnus Dei" war und ist auch noch heute der Begleitgesang zum Brotbrechen vor der Kommunion. [vgl. ABB. 16]

[ABB. 16]

Der Kommunion-Charakter der Szene im wörtlichen Sinne – Gemeinschaft mit Christus und durch Christus miteinander – wird meines Erachtens am schönsten und eindrucksvollsten im bereits beschriebenen Verlauf der Konturen anschaulich, in dem Christus und die Jünger zu einer Einheit zusammengeschlossen werden. [vgl. ABB. 11] Da wird das Abendmahl als „Teilhabe am Leib Christi" verstanden und sichtbar gemacht, ganz im Sinne paulinischer Theologie: // IST DAS BROT, DAS WIR BRECHEN, NICHT TEILHABE AM LEIB CHRISTI? // [1 Kor 10,16]

(K)EIN OPFER

ABRAHAM UND ISAAK IN REMBRANDTS RADIERUNG VON 1655

Dreimal dieselbe Szene, derselbe dramatische Augenblick. Der Vater hat das Opfermesser in der Hand, gleich wird er dem Sohn die Kehle durchschneiden!
Michelangelo Caravaggio, der drastische Realist, zeigt um 1600 eine beängstigend brutale Version. [vgl. ABB. 17] Abraham hat Isaak im Nacken gepackt und drückt den Kopf des Sohnes auf den Opferstein; der Junge scheint sich vergeblich zu wehren, er schreit seinen Schmerz und seine Todesangst laut heraus.

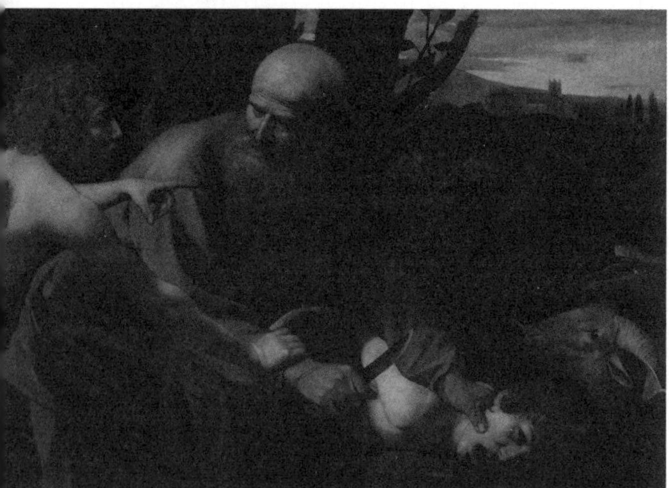

[ABB. 17 CARAVAGGIO, DIE OPFERUNG ISAAKS]

[ABB. 18 DIE OPFERUNG ISAAKS]

Der junge Rembrandt malt 1635 ein Bild, das ganz in dieser Tradition der realistischen Barockmalerei steht: Das „Opfer" liegt gefesselt auf dem Rücken, Abraham drückt den Kopf des fast nackten Jungen nach hinten, um ihm die Kehle durchzuschneiden (vgl. Farbtafel 4/ABB. 18). Der gewichtigste Unterschied zu Caravaggio ist eine Geste zwischen Grausamkeit und Barmherzigkeit: Abrahams Hand bedeckt das ganze Gesicht des Knaben, er presst ihm den Mund und wohl auch die Augen zu. Man denkt der Vater kann die Schmerzensschreie nicht ertragen. Oder den angstvollen Blick. Trotzdem ist auch dieser Griff brutal.

20 Jahre später geht Rembrandt in einer Radierung das Thema noch einmal an. Und diesmal stellt er Vater und Sohn ganz anders dar (vgl. Farbtafel 5). Der Junge kniet seitlich und beugt sich – frei und freiwillig – über den vorgestellten Oberschenkel des – vermutlich ebenfalls knienden – alten Mannes. Sie sind nicht mehr „Täter" und „Opfer", sondern bilden eine Einheit, zusammengehalten auch durch das Licht, das von rechts oben schräg ins Bild fällt. Abraham hat den Kopf Isaaks an sich gezogen, die Hand des Vaters, die die Augen des Sohnes schützend bedeckt, hat nichts Gewaltsames mehr an sich. Isaaks Mund bleibt frei, aber er schreit nicht. Äußerliche Zeichen von Angst und Schmerz sind beim „Opfer" nicht erkennbar.

Zehn Jahre zuvor hatte Rembrandt eine Radierung zu einer Szene aus der Abrahamsgeschichte geschaffen, die nur selten in der Kunst dargestellt wurde: das Gespräch zwischen Vater und Sohn auf dem Weg zu dem Berg im Land Morija, den Gott als Ort des Opfers bestimmt hatte (vgl. Farbtafel 6/ABB.19). Rembrandt lässt das Gespräch im

[ABB. 19 ABRAHAM UND ISAAK]

[ABB. 20 ABRAHAMS OPFER]

Gegensatz zum biblischen Text (Gen 22,6-8) nicht unterwegs, sondern bereits am Opferberg stattfinden. Dies müsste eigentlich eine dramatische Zuspitzung des Dialogs bedeuten.

Aber merkwürdigerweise steht Isaak gelassen da, hält das Opferholz mit beiden Händen fest und hört nachdenklich den Erklärungen des Vaters zu. Kein Widerspruch, Einverständnis. Diese Harmonie scheint der Thematik ganz unangemessen zu sein.

Eine denkbare Erklärung: Rembrandt besaß eine hochdeutsche Ausgabe der „Jüdischen Altertümer" des Flavius Josephus. Diese „Jüdische Geschichte" eines jüdischen Historikers (ca. 38–100 n. Chr.) zog Rembrandt öfters für seine biblischen Bilder heran. Josephus bringt dort (1,13,2ff) ein langes Gespräch zwischen Abraham und Isaak, das in die Einwilligung des Sohnes mündet:

„Isaak aber, edelmütig, da er von solchem Vater abstammte, nahm die Rede gutwillig auf und sprach: Er wäre nicht wert geboren zu sein, wenn er nicht dem folgen würde, was Gott und sein Vater über ihn beschlossen hätten, da es schon unrecht sei, den Gehorsam zu versagen, wenn sein Vater allein befehlen würde. Darauf trat er zum Altare hin, um sich schlachten zu lassen".

Der Isaak in Rembrandts Radierung von 1655 ist im Sinne dieser Rede als ein williges Opfer dargestellt [vgl. ABB.20]. Es liegt nahe, an das Jesajawort aus dem vierten Gottesknechtslied zu denken:

// ER WURDE MISSHANDELT UND NIEDERGEDRÜCKT, ABER ER TAT SEINEN MUND NICHT AUF. WIE EIN LAMM, DAS MAN ZUM SCHLACHTEN FÜHRT, UND WIE EIN SCHAF ANGESICHTS SEINER SCHERER, SO TAT AUCH ER SEINEN MUND NICHT AUF. //

[Jes 53,7]

Vielleicht hat Rembrandt mit dieser Darstellung des Isaaks als „Opferlamm" auch die alte christliche Deutung dieser Geschichte mitbedacht, die in Isaaks Opferung eine Vorausdeutung des Todes (und der Auferstehung) Jesu Christi sah.
Für Rembrandts Radierung ergibt sich aber so ein merkwürdiger Kontrast, geradezu eine Umkehrung der Konstellation der barocken Bildtradition: der Sohn ist „gehorsamer" als der Vater! Wieviel Widerwillen und Verzweiflung ist im Gesicht des alten Mannes ausgedrückt! Eine jüdische Legende erzählt, Abraham sei erst in diesem Augenblick ergraut. Rembrandt zeigt ihn als einen Mann, dem „vor Gott graut", der fast irre wird an den Plänen und Verheißungen Gottes: tiefe, dunkle Augenhöhlen, ein von

Schmerz und Klage verzerrter Mund, die Wange gezeichnet von zwei harten Furchen.
Und dieser Mann, dem man ansehen kann, dass er in das „dunkle Antlitz Gottes" blickt, scheint noch gar nicht zu merken, dass ihn genau in diesem Augenblick die Liebe Gottes umfängt, hält und fast zärtlich umarmt. Rembrandt hält sich hier nicht an den biblischen Wortlaut:

// DA RIEF IHM DER ENGEL DES HERRN VOM HIMMEL HER ZU: [...] STRECK DEINE HAND NICHT GEGEN DEN KNABEN AUS, UND TU IHM NICHTS ZULEIDE! // [Gen22,11f]

Der Engel ruft nicht „vom Himmel her"; er ist ganz nah. Er umfasst Abraham mit beiden Händen von hinten. Während die linke den Oberarm fest hält und so das erhobene Opfermesser blockiert, zieht die rechte – was besonders anrührend ist – die Hand des Vaters vom Gesicht des Sohnes. Gleich wird Isaak wieder ins Licht blicken: frei, erlöst, gerettet.

Der „Griff ans Handgelenk" ist ein verbreitetes Rettungsmotiv in der christlichen Kunst, besonders in den ostkirchlichen Auferstehungsbildern (Anastasis). Hier erscheint die Hand des Engels am Handgelenk Abrahams zu einer Einheit mit ihm verschmolzen. [vgl. ABB. 21]

[ABB. 21]

Am Schluss der biblischen Erzählung heißt es:

// ABRAHAM NANNTE JENEN ORT JAHWE – JIRE (DER HERR SIEHT), WIE MAN NOCH HEUTE SAGT: AUF DEM BERG LÄSST SICH DER HERR SEHEN. //
[Gen 22,14]

Es ist bemerkenswert, dass Rembrandt nur den Betrachter sehen lässt, dass „sich der Herr sehen lässt".
Abraham und Isaak sehen eigentlich nichts. Die Erfahrung, die sie machen, ist nicht ein äußeres Geschehen in der sichtbaren Wirklichkeit. Gerade dadurch ist sie Gotteserfahrung. Und Rembrandt spitzt in seiner Radierung die Geschichte noch zu: Da, wo Gott am fernsten zu sein scheint, ist er ganz nah.

Die Spannung von „Sehen" und „Nicht-Sehen" ist im Spätwerk Rembrandts ein Hauptthema. Dem Maler wurde offensichtlich zunehmend bewusst, dass er in der Sprache seiner Bilder eine Wirklichkeit zu erfassen sucht, die letztlich unanschaulich ist. Eine bewegende, beunruhigende Einsicht, die doch das eigene Medium in Frage stellt. Wir haben dieses Phänomen schon einleitend in der „Lobpreisung des Simeon" betrachtet.

EIN BESUCH, DER NICHT AUFGESCHOBEN WERDEN KONNTE

// MARIA EILTE IN EINE STADT IM BERGLAND VON JUDÄA. SIE GING IN DAS HAUS DES ZACHARIAS UND BEGRÜSSTE ELISABETH // [Lk 1,39f]

So beginnt die Geschichte, die Rembrandt in seinem Bild dargestellt hat, die Geschichte vom Besuch Marias bei Elisabeth. Wie wichtig Maria dieser Besuch war, erkennt man an der „Eile", von der der Evangelist Lukas erzählt (vgl. Farbtafel 7).

Ich kann das gut verstehen, dass Maria es „eilig" hatte. Ihr ist ja eine ziemlich unglaubliche Geschichte passiert. Und damit sie mit dieser Geschichte nicht allein zurechtkommen muss, hat sie der Bote Gottes an Elisabeth verwiesen, die trotz ihres hohen Alters noch ein Kind erwartet. Der Evangelist nennt Elisabeth eine „Verwandte" und meint damit mehr als nur eine familiäre Verbindung: Maria und Elisabeth haben eine ganz ähnliche Geschichte erlebt; sie sind Verwandte im Glauben. Bei all den unglaublichen Geschehnissen ist es gut, wenn man nicht alleine bleibt. Da braucht man Menschen mit ähnlichen Erfahrungen, in denen man etwas von sich selber wiedererkennt. Da kann man sich gegenseitig Mut machen, sich Geborgenheit und Sicherheit geben. Weil Maria das wie jeder Mensch braucht, darum ist sie von Nazaret so eilig aufgebrochen.

Moment mal, wird vielleicht jemand sagen, von solcher Eile ist in dem Bild aber nichts zu sehen! Maria steht doch ganz still da und lässt sich von der alten Elisabeth umarmen. Einverstanden, sage ich da. Vielleicht hatte Rembrandt auch ein wenig Scheu, eine rennende Mutter Maria zu zeigen. Aber dass sie gerannt ist, das hat er anzudeuten versucht! Sie ist von dem Esel abgestiegen, den Josef im Hintergrund rechts heranführt und ist schon vorausgeeilt, den Berg hoch, so schnell, dass der Mann und der Esel nicht mehr mitkommen. [vgl. ABB. 22 u. 23]
Und dann, glaube ich, hat sie schon von weitem gerufen: Elisabeth, Elisabeth! Denn die alte Frau ist schon herausgekommen. Da hat Rembrandt sogar etwas an der Geschichte aus dem Lukasevangelium geändert, wo die Begrüßung im Haus stattfindet. Hier im Bild können beide nicht er-

[ABB. 22]

[ABB. 23]

warten, endlich zusammenzukommen. Und so findet die Begegnung auf der Schwelle des Hauses statt. Schließlich ist es Maria beim Laufen wohl warum geworden: Sie hält in der Linken ein Taschentuch, um sich den Schweiß abzuwischen, und eine Dienerin nimmt ihr den schweren Mantel ab.
Der alte Mann, der von links die Treppe herunterkommt, ist übrigens Zacharias, der Vater des Kindes Johannes, das die alte Elisabeth erwartet [vgl. ABB. 24]. Er ist schon so gebrechlich, dass ihn ein kleiner Junge stützen und führen muss. So unterstreicht der Maler, dass es auch mit der Geburt des Täufers eine besondere Bewandtnis hatte.

// DA WURDE ELISABETH VOM HEILIGEN GEIST ERFÜLLT UND RIEF MIT LAUTER STIMME: GESEGNET BIST DU MEHR ALS ALLE ANDEREN FRAUEN [...] //
[Lk 1,41f]

Die beiden Frauen stehen in der Mitte des Bildes. Elisabeth hat das Wort, Maria steht ganz still da und hört zu. Die beiden sind noch ganz unter sich. Die alte Elisabeth hat sich ein wenig kleiner gemacht als Maria. Das hat wohl der Maler besonders herausstellen wollen: Die Ältere stellt sich unter die Jüngere, schaut zu ihr auf und sagt: Du bist ganz groß! Maria ist aber deswegen nicht hochmütig und stolz. Sie hat den Kopf ganz leicht gesenkt und hört Elisabeth zu. Sie weiß, dass eigentlich jemand an-

[ABB. 24]

ders „ganz groß“ ist; sie wird am Ende der Geschichte beten:

// MEINE SEELE PREIST DIE GRÖSSE DES HERRN. [...] DENN AUF DIE NIEDRIGKEIT SEINER MAGD HAT ER GESCHAUT. //

[Lk 1,46.48]

Kann man das auch malen, wie Gott Maria „anschaut“? Wie etwas von seinem Glanz in das Leben der Menschen fällt? Ich glaube, Rembrandt hat es versucht. Er hat dabei das Licht im Bild benutzt. In dem eher dunklen Gemälde ist es da, wo Maria und Elisabeth stehen, ganz hell. Und wenn man nach dem Ursprung dieses Lichtglanzes sucht, dann hat ihn Rembrandt ganz oben rechts „am Himmel“ angedeutet. Wo Gott hinschaut, wo sein liebevoller Blick auf die Erde fällt, da wird es ganz hell. [vgl. ABB. 25]

[ABB. 25 MARIAS BESUCH BEI ELISABETH]

DU DUMMKOPF!

Eigentlich sieht er ganz vernünftig aus, der alte, reiche Mann. Ganz leicht hat er seinen Mund geöffnet. Dürfen wir seinem berühmten Selbstgespräch lauschen? Diesem Selbstgespräch im Selbstgespräch, von dem Jesus in seiner Geschichte erzählt? (Vgl. Farbtafel 8)
Der Geschichte von dem reichen Bauern, der für seine gute Ernte neue, viel größere Scheunen plant: // DANN WERDE ICH ZU MEINER ‚SEELE‘ (ich erlaube mir den Versuch einer wörtlichen Übersetzung; im Urtext steht hier und im folgenden das griechische Wort ‚Psyche‘) SAGEN: SEELE, DA HAST DU NUN VIELE GÜTER FÜR VIELE JAHRE LIEGEN. RUH AUS, ISS, TRINK, FEIERE! // [Lk 12,19]

Das ist alles andere als realistisch, wie der Reiche seine ängstliche „Seele“ stillzulegen versucht. Das ist schlicht und einfach dumm! Kein Reichtum kann vor dem Tod schützen, kein Vorrat „dieses Leben“ sichern. Vom „andern Leben“ ganz zu schweigen!
Die Selbstberuhigung steht auf wackligen Füßen. Aber nur nichts merken lassen! [vgl. ABB. 26]

Und so lässt sich auch Rembrandts Bild verstehen. Der konzentrierte Blick des alten Mannes durch die Brille auf die ins Kerzenlicht gehaltene Münze nimmt die „Nacht“ drum herum nicht wahr (die Todes-Nacht! // NOCH HEUTE NACHT WIRD DEINE ‚SEELE‘ GEFORDERT // [Lk 12,20]). Hoch aufgetürmte Fo-

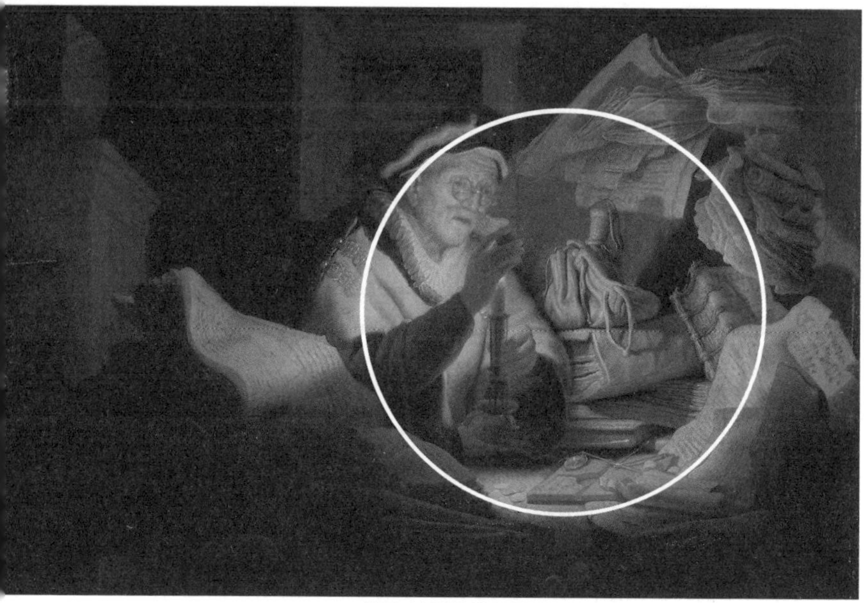

[ABB. 26 DAS GLEICHNIS VOM REICHEN/DER GELDWECHSLER]

lianten, Geld und Schuldscheine („Was du aufgehäuft hast, wem wird's gehören?") kreisen den Reichen völlig ein.
Aber wir sehen zugleich ein bedrohlich labiles System. Das Kartenhaus der Sicherungsmechanismen und Verdrängungsstrategien wird zusammenbrechen. Vielleicht soll auch noch die kleine Goldwaage auf dem Tisch ein warnender Zeigefinger sein: [vgl. ABB. 27]
Warte, wenn du auf die Waage musst! Ein Menetekel!

// GEWOGEN [...] UND ZU LEICHT BEFUNDEN. // [Dan 5,27]

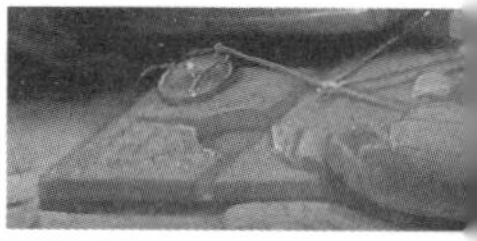

[ABB. 27]

MENSCHENGESCHICHTEN – GOTTESGESCHICHTEN

BILDER ZUM GLEICHNIS VOM VERLORENEN SOHN

„Ein Mann hatte zwei Söhne ..." So beginnt eine der „großen" Geschichten, die Jesus erzählt hat. Ein Mann hatte zwei Söhne – so fangen auch Märchen an; so fangen insbesondere aber Geschichten an, „die das Leben schrieb", Menschengeschichten. Deswegen ist die Botschaft – die frohe Botschaft – dieser Geschichte vielleicht so gut angekommen, nicht nur in den Herzen – und hoffentlich auch im Handeln – der Menschen, sondern auch in der Kunst und in der Literatur. Die meisten guten „Gottesgeschichten" sind aus dem Mehl von guten „Menschengeschichten", aus eindringlichen und einleuchtenden menschlichen Erfahrungen gebacken.

Die größte Anziehungskraft ging in der Auslegungsgeschichte vom jüngeren Sohn aus, der „in ein fernes Land" zieht. Von ihm, dem „verlorenen Sohn", hat das Gleichnis seinen gängigen Namen bekommen; in ihm, der im Elend umkehrt, heimkehrt und vom Vater mit offenen Armen empfangen wird, erkannten die Menschen sich wieder. Das Gleichnis war Spiegel- und Sehnsuchtsbild zugleich.

In diesem Sinne haben auch die Maler die Geschichte für sich entdeckt – übrigens recht spät in der abendländischen Kunstgeschichte, erst im zwölften Jahrhundert. Offensichtlich ist das besondere Interesse am „verlorenen

Sohn" etwas, was eher dem neuzeitlichen Lebensgefühl entspricht, einem „existentiellen" Bewusstsein, in dem der Mensch sich als einzelner wahrnimmt, mit seinen Ängsten und Zweifeln, mit seiner Sehnsucht nach Freiheit und Geborgenheit.

TIEFPUNKT ALS WENDEPUNKT

Typisch für eine solche Auffassung des Gleichnisses ist ein berühmter Kupferstich von Albrecht Dürer, ein Frühwerk des Nürnberger Meisters, um 1496 entstanden. [vgl. ABB. 28]
Charakteristisch ist schon die Auswahl der Szene. Dürer stellt den Menschen am Tiefpunkt dar, „bei den Schweinen". Um zu zeigen, dass er tiefer nicht sinken kann, lässt der Maler den Sohn auffälligerweise knien, eine völlig neue Idee in der Kunst. Im Text des Lukasevangeliums (Lk 15,11-32) steht davon nichts. Das Knien betont die Erniedrigung, aber natürlich auch die „religiöse" Handlung, das Gebet, von dem ebenfalls nichts im Text steht. Und das Knien ist darüber hinaus die Voraussetzung dafür, dass das noch kommen kann, wovon der Text spricht und was das Bild bereits erahnen lässt: „... und er stand auf".
Dies ist der eigentliche Clou dieses Kunstwerkes. Es zeigt nicht nur den „verlorenen Sohn im Elend" – so unterschreiben häufig Kunsthistoriker Bilder wie dieses. Dürer zeigt den Tiefpunkt als Wendepunkt, als Moment der Umkehr.
Der Tiefpunkt: Der verlorene Sohn kniet im Mist, seine einzige „Gesellschaft" sind die Schweine, die ihn geradezu umzingeln, selbst eine Kuh – am linken Bildrand – wendet sich von ihm ab. Kompositionell wird die Verzweiflung, das Elend, der „tiefe Fall" des Sohnes durch die steil abfallende Dachschräge links hinter ihm unterstrichen, die

[ABB. 28 DÜRER, DER VERLORENE SOHN Foto: Bildarchiv Preußischer Kulturbesitz]

sich fortsetzt in dem knorrigen Stock mit dem „dicken Ende" und – parallel dazu – dem Schweinetrog. Die Architektur schließt den Bildraum nach hinten hin völlig ab: hier gibt es anscheinend kein Entkommen!

Der Wendepunkt: In der Komposition wird die beschriebene fallende Schräge durchschnitten durch eine ansteigende Diagonale, die von links über den Misthaufen zur Dachkante rechts führt. So entsteht optisch ein Sog, der suggeriert, dass der Sohn gleich „aufstehen“ wird. Sein Kopf ragt pointiert über den Misthaufen hinaus, sein Blick geht in die Ferne, vielleicht zu der am oberen rechten Bildrand erkennbaren Kirche als Sinnbild des „Vaterhauses“.
Das Bild zeigt also nicht nur illustrativ – durch Haltung, Gestik und Mimik des verlorenen Sohnes – den Moment der Umkehr, sondern vollzieht optisch Umkehrstrukturen nach, oder besser noch: macht sie vor. Die Hoffnung, die hier anschaulich wird, ist nicht billig zu haben; das Geschenk der barmherzigen Liebe des Vaters wird erlebbar nur als Aufhebung der Elendssituation. Es ist fast müßig zu erwähnen, was sich hier geistesgeschichtlich ankündigt: vorreformatorisches, reformatorisches Bewusstsein. Der Mensch sieht sich in der Verlorenheit der Welt und der Sünde, seine einzige Hoffnung ist der gnädige Gott, der verzeiht und erlöst. Das Thema des Bildes ist der Mensch an sich, zwischen Heil und Unheil, simul iustus et peccator.

DER MENSCH IN DER ENTSCHEIDUNG

Ein zweites Bild aus dieser Zeit sei noch vorgestellt, das eine ähnliche Spannung aufweist. Es ist ein Spätwerk von Hieronymus Bosch, etwa 1515 zu datieren. [vgl. ABB. 29]
Man hat es mit der Deutung des Bildes etwas schwer, weil es von der ikonographischen Tradition des Themas völlig abweicht. Dass es sich trotzdem um einen „verlorenen Sohn“ handelt, ist die Meinung vieler Kunsthistoriker, bei-

[ABB. 29 BOSCH, DER VERLORENE SOHN]

leibe nicht aller. Weder kniet noch sitzt er im Elend bei den Schweinen, noch ist er schon zu Hause beim Vater.
So eine merkwürdige Unbestimmtheit durch die Loslösung von den traditionellen Darstellungen hat natürlich einen vorzüglichen Sinn: das Thema wird verallgemeinert, aus dem engen Bezugsrahmen einer Geschichte herausgenommen und ins Grundsätzliche gehoben: Das ist der Mensch schlechthin, der Mensch in der Entscheidung zwischen Gut und Böse.
Deswegen auch die Rundform des Bildes: der Kreis, die Linie, die an ihren Ausgangspunkt zurückkehrt, Kreislauf des Lebens, vom „Vaterhaus“ weg zum „Vaterhaus“ hin,

„Ewigkeit", semper idem. Die Rundform erinnert an die Spiegel der damaligen Zeit. Dem Betrachter wird ein Spiegel vorgehalten: Erkenne dich selbst! Entscheide dich!
Bilder mit diesem Thema, sogenannte „Entscheidungsallegorien" gab es in der damaligen Kunst zuhauf. Am bekanntesten ist vielleicht der antike Mythos von „Herakles am Scheidewege". Das Bild von Bosch zeigt aber keinen strahlenden Helden, der mit Selbstbewusstsein den mühseligen Weg der Entbehrungen wählt. Im Gegenteil: wir sehen einen zerlumpten, mageren, schon ergrauten Bettler oder Hausierer, nur mit einem Messer für die Gefahren seines Weges gerüstet, „unbehütet". Wie wird er sich entscheiden? Links oder rechts?
Links: das reichlich verkommene Haus, eindeutig ein Haus des Lasters; das zeigt das Liebespaar in der Tür, der Mann, der am Hausrand sein anrüchiges Geschäft verrichtet und das „ausgezogene Hemd" (oder eine Hose?) im Fenster. Attribute wie der weiße Schwan und der Vogelbauer sind Hinweise auf ein Bordell. Der Hahn ist ein Symbol der Geilheit, Hund und Schwein sind „unrein": // GEBT DAS HEILIGE NICHT DEN HUNDEN UND WERFT EURE PERLEN NICHT DEN SCHWEINEN VOR. // [Mt 7,6]. Der Mann hat diesen verkommenen Ort verlassen, die Frau am Fenster blickt ihm nach und er blickt unschlüssig zurück, mit einer Wendung des Oberkörpers, sein Schritt scheint sich zu verzögern.
Rechts: Der Weg, auf dem er sich befindet, führt durch ein Gatter, hinter dem eine Kuh erscheint: die väterliche Weide, wenn man so will. Hindernisse stellen sich in den Weg. Das Gatter ist noch verschlossen, der Weg dahinter verliert sich im Ungewissen.
Der Eindruck des Anhaltens und doch Weiterwollens kommt auch in der Komposition zum Ausdruck: Die Senk-

rechte des Baumes stellt sich dem Mann entgegen, hält ihn auf. Aber die Diagonale des Armes mit dem Hut übergreift diese Senkrechte, sie wird noch verstärkt durch den Wanderstab. Das ist nun wirklich nicht leicht zu malen: das Innehalten in einer Bewegung und zwar positiv so, dass das Weiterstreben doch das Stillestehen und Aufgehaltenwerden überbietet. Die Komposition lässt die Hoffnung aufkommen, dass die Anziehungskraft des Vaterhauses stärker sein wird, auch der Weg ist eine aufsteigende Diagonale.
Bosch nutzt die Simultanstruktur des Bildes, um die Ambivalenz der menschlichen Situation zu veranschaulichen. Im Grunde ist so in dem einen Moment des unschlüssigen Umblickens die ganze Geschichte des verlorenen Sohnes enthalten: das Lotterleben und die Mühsal, aber auch die Umkehr und vielleicht – wir haben es angedeutet – die Heimkehr.
Der Betrachter sieht sich im Spiegel. Jeden Tag seines Lebens ist er in dieser Lage. Eingespannt in eine offene Situation. Jeden Tag die Möglichkeit der Umkehr, jeden Tag die Gefahr des Rückfalls.

ICH BIN GEMEINT!

Der dritte Maler, der hier mit seinen Bildern zum „Gleichnis vom verlorenen Sohn" vorgestellt werden soll, soll nun Rembrandt sein. Er hat sich auffallend häufig mit diesem biblischen Thema beschäftigt. Auf einem Selbstporträt sehen wir ihn sehr lebenslustig mit seiner Frau auf dem Schoß: Rembrandt und Saskia. Um 1636 ist das Werk entstanden, der Maler ist 29 Jahre alt, seine Frau 23 (vgl. Farbtafel 9). Saskia war eine glänzende Partie, Rembrandt gehörte nun endgültig zu den ersten Kreisen in Amster-

[ABB. 30 SELBSTBILDNIS MIT SASKIA/DER VERLORENE SOHN]

dam. Auch die Mitgift konnte sich sehen lassen. Rembrandts Ansehen als Maler war – für sein Alter – schon ungeheuer. Er verdiente sehr gut, bekam Aufträge von allerhöchster Stelle: Er arbeitete in diesen Jahren an einem Passionszyklus für den Prinzen von Oranien.

Ein Bild also des überschäumenden Glücks? Voller Selbstsicherheit, man lässt sich kaum stören, schaut den Betrachter nur kurz herausfordernd an, dann wendet man sich wieder der Hauptsache zu. Freut euch des Lebens, prost?

Nein, so ist es nicht. Es mag dem unbefangenen Blick zwar zunächst nicht einleuchten, aber dieses Doppelporträt des Malers und seiner Frau inszeniert ganz eindeutig eine Episode aus unserem Gleichnis: Der verlorene Sohn verprasst sein Erbe im Bordell. Ein beliebtes Thema in der holländischen Kunst des 17. Jahrhunderts!

Mit der Zeit hat sich ein bestimmtes Darstellungsschema für das Thema herausgebildet. Der „verlorene Sohn" ist ein Junker mit prächtigem Federhut; er trägt oft ein Schwert, liegt in den Armen einer Dirne – oder sie sitzt auf seinem Schoß; man erhebt das Glas. Wenn man solche Bilder sieht, liegt der Schluss nahe: die biblische Geschichte ist ein bloßer Vorwand, um ein üppiges Leben detailreich zu entfalten. Ein ordentliches Gelage, leicht bekleidete Mädchen, prickelnde Erotik – Wein, Weib und Gesang.

Mag sein, dass Sinnen- und Augenlust das Hauptmotiv dieser Bilder sind. Aber man sollte nicht vergessen, dass für das barocke Lebensgefühl auch das Bewusstsein der Vergänglichkeit alles Weltlichen bestimmend war. „Du siehst, wohin du siehst, nur Eitelkeit auf Erden", hat Andreas Gryphius dem alttestamentlichen Prediger (Koh 1,2) nachgedichtet. Die Menschen in Holland, dem Wirtschaftswunderland des 17. Jahrhunderts, haben allerdings aus dem Bewusstsein der Vergänglichkeit der Welt und ihrer Güter nicht den Schluss der Weltverachtung gezogen, sondern sich für das „Nunc est bibendum", für den bewussten Genuss der Gegenwart entschieden. Das Motiv „Der verlorene Sohn bei den Dirnen" ist also nicht leicht einzuordnen, sein Sinn schwankt zwischen einem moralisierend erhobenen Zeigefinger und unbekümmerter Sinnenlust oder gar Frivolität. Rembrandt nimmt also ein vorgegebenes Bildschema hier auf.

Wie aber kommt der Maler dazu, sich selbst als „verlorenen Sohn" darzustellen? Und seine Frau zudem als Dirne? Wir wollen uns vor allzu viel Dramatisierung hüten. Rollenporträts waren damals nichts Ungewöhnliches. Aber diese „Verkleidung" nur achselzuckend hinzunehmen – na und? – scheint mir auch zu wenig. Denn das Bewusstsein der Vergänglichkeit von irdischem Ruhm, Glück und Reichtum, das man in diesem Bild ausgedrückt finden kann, hat für Rembrandt und Saskia geradezu etwas Prophetisches: sechs Jahre später ist Saskia tot. Sie erholt sich nicht mehr von der Geburt des vierten Kindes (nur ein Kind überlebt, der Sohn Titus). Rembrandt verliert zusehends sein Vermögen, 1656 macht er Konkurs.

AUF DER SCHWELLE

Das Thema „Der verlorene Sohn" lässt Rembrandt nicht los, es bleibt eines seiner Lieblingsthemen, das er in etlichen Zeichnungen und Radierungen bearbeitet. Im Jahr seines „Selbstporträts" als „verlorener Sohn" 1636 stellt Rembrandt in einer Radierung auch die „Heimkehr des verlorenen Sohnes“ dar (vgl. Farbtafel 10). Er lässt die Begegnung von Sohn und Vater auf der Schwelle des Hauses spielen. Das ist wieder einmal „gegen den Text“ des Evangeliums, in dem es heißt:

// DER VATER SAH IHN SCHON VON WEITEM KOMMEN, [...]. ER LIEF DEM SOHN ENTGEGEN [...]. //
[Lk 15,20b.c]

[ABB. 31 DIE RÜCKKEHR DES VERLORENEN SOHNES]

Die Schwelle ist hier deutlich der Ort zwischen „draußen" und „drinnen", zwischen der „Welt" und dem „Vaterhaus"; der völlig heruntergekommene Sohn kniet genau an der Grenze, sein Stock zeigt noch auffällig an, wo er herkommt. Haltung und Gestik des Vaters sind anrührend menschlich – der weite Schritt zeigt noch die Eile an, die linke Hand stützt und will dem Sohn aufhelfen, die rechte liegt beruhigend – zärtlich auf dessen Schultern.
Zugleich ist da mehr als „nur" Menschlichkeit: würde der sich herabbeugende Vater aufrichten, wäre er von monumentaler Übergröße. Und Rembrandt hat den bewegten und bewegenden Moment der Begegnung eingefasst, „verewigt" durch eine sehr strenge Komposition: Die Vater-Sohn-Gruppe ist in ein annähernd gleichseitiges Dreieck eingeschrieben; das ist sowohl die „stabilste" geometrische Figur wie auch darüber hinaus ein Symbol des Göttlichen. [vgl. ABB. 31]

Unser letztes Bild ist wirklich ein „letztes Bild": In seinen letzten Lebensmonaten ist Rembrandt – er starb 1669 – daran gegangen, die „Heimkehr des verlorenen Sohnes" in einem für ihn ungewöhnlich großen Format, 262 x 206 cm, zu malen (vgl. Farbtafel 11). Er wird mit diesem, seinem „letzten Wort" – ähnlich wie mit dem Bildnis des Simeon (s.o.) – gar nicht mehr fertig.
Allein dies ist schon bewegend und anrührend: Ein ganzes Malerleben lang beschäftigt den Künstler diese Geschichte, in gewissem Sinne identifiziert er sich mit ihr. Und dann am Schluss dieser Schluss! Dieser ungewöhnliche biographische Ernst des Werkes macht fast ein wenig ehrfürchtig. Hier fasst ein alter Mann seine Lebenserfahrungen mit allen Höhen und Tiefen zusammen. Und er spricht von

seiner Hoffnung über dieses Leben hinaus. Das entspricht der Auslegungstradition des Gleichnisses; die Geschichte vom verlorenen Sohn wird als Bild des menschlichen Lebensweges gesehen und die „Heimkehr“ als Heimkehr zu Gott am Ende des Lebens, als Eintritt in das „ewige Leben“ gedeutet.

Ein Kunstwerk als persönliches Bekenntnis! Der Maler sagt: Der Tod, dessen Nähe ich spüre, wird mich zu Gott führen, ich werde seine Liebe und Güte erfahren, er wird mich aufnehmen mit meiner ganzen elenden Geschichte. Durch das ungewöhnliche Format sind die Figuren im Bild annähernd lebensgroß.

Der Sohn kniet als Rückenfigur am linken Bildrand, so dass es für den Betrachter leicht ist, sich mit ihr zu identifizieren, sozusagen in sie hineinzuschlüpfen. Ein Bild, eine Geschichte, die wir nacherleben, „nachfühlen“ können. [vgl. ABB. 32]

Das halte ich mit für das Bemerkenswerteste an diesem Bild: es kommt alles auf das „Fühlen“ an. Zu „sehen“ gibt es für Vater und Sohn nichts. Der Sohn kuschelt sich in das Dunkel des Vaterschoßes, der greise Vater hat die Augenlider gesenkt und wirkt wie ein Blinder, der den Sohn ertastet.

[ABB. 32 DIE HEIMKEHR DES VERLORENEN SOHNES]

Diese Konzentration auf das Tasten, Fühlen und Spüren ist für einen Maler, dem es in seinem ganzen Leben um das Sehen und das Sichtbare gehen musste, eine ungewöhnliche Sache, sozusagen die Einsicht, dass es Dimensionen und Schichten der Wirklichkeit gibt, die dem Augensinn verschlossen bleiben und dennoch wirklich sind. Ähnlich wie in der Radierung von 1636 gibt es auch hier bei aller „Menschlichkeit" der Szene Hinweise auf ein „Mehr". Sehr einfach kommt dies in der fast demonstrativ ausgezogenen Sandale des Sohnes ins Bild, die an das Alte Testament und Mose am brennenden Dornbusch erinnert: // LEG DEINE SCHUHE AB; DENN DER ORT, WO DU STEHST, IST HEILIGER BODEN // [Ex 3,5]. Der Vater mit dem roten Umhang erscheint wie eine Schutzmantelmadonna; der Umriss des Mantels kongruiert in der Komposition mit dem Torbogen im Hintergrund. Dadurch wird die an sich flüchtige Gebärde verfestigt, bekommt etwas Endgültiges, Ewiges. Dies ist jetzt das Glück, das nicht mehr durch die Angst vor dem Verlust beeinträchtigt werden kann. Das entspricht ja auch zum Teil einer menschlichen Erfahrung, dass etwas, was verloren und wieder gefunden wurde, nicht mehr verloren werden kann.
Übrigens spielt auch hier – wie in der Radierung von 1636 – die Szene auf der Schwelle, am Eingang. Das signalisiert: Hier endet die Geschichte nicht, hier beginnt sie neu. Das Beste kommt noch – das Fest!

Wird der „große Bruder" am Fest teilnehmen? [vgl. ABB. 33] Ihn haben wir bis jetzt nie erwähnt, auch die Künstler haben ihn – wie die ganze Auslegungstradition – sehr vernachlässigt. Dabei ist die Geschichte um seinetwillen erzählt! Jesus spricht hier zu den „Pharisäern und Schriftgelehrten", die seine Zuwendung zu den „Zöllnern und Sündern" nicht verstehen können (vgl. Lk 15,1f). Häufig haben die Maler den „älteren Bruder“ in der Schlussszene des Gleichnisses gezeigt, wie er sich von Vater und Bruder brüsk abwendet. In Rembrandts Bild sehen wir in der Gruppe rechts einen nachdenklichen Mann stehen, der durch denselben roten Mantel wie der Vater ausgezeichnet ist. Ist das vielleicht der „Ältere“? Ist er bewegt? Lässt er sich von der Liebe des Vaters beeindrucken und bewegen, am „Fest der Versöhnung“ teilzunehmen?

[ABB. 33]

EIN MANN WIRD SCHWACH

REMBRANDTS „VERLEUGNUNG DES PETRUS" VON 1660

// ALS MÄNNER SCHEUEN WIR DIE SCHWACHHEIT, MACHT UND STÄRKE IMPONIEREN UNS. DER PROTOTYP FALSCHER MÄNNLICHER STÄRKE IST PETRUS. ER KANN NICHT ZULASSEN, DASS JESUS LEIDEN UND STERBEN MUSS [...] ER IST DABEI BEREIT, SELBST FÜR JESUS IN DEN TOD ZU GEHEN – UND VERSAGT DOCH, ALS IHN EINE SKLAVIN (!) FRAGT, OB ER ZU JESUS GEHÖRT. AM ENDE FLIEHT ER. //

[Richard Rohr, Der wilde Mann]

Die Auslegung von biblischen Erzählungen unter geschlechtsspezifischen Blickwinkeln in den letzten Jahren – vorzugsweise von Frauen, die Überlegungen Richard Rohrs zu einer „männlichen" Spiritualität sind sicher eine Ausnahme – ist zwar in der wissenschaftlichen Exegese nicht unumstritten, aber sie hat doch den Blick geschärft für wichtige männlich-weibliche Konstellationen und Konstitutionen, insbesondere aber auch für manche Nebenrollen, die im „männlichen" Zugriff auf den Text bisher untergegangen sind. Hierzu möchte ich auch die „Magd" – paidiske, eine junge Frau in dienender Funktion, ob „Magd" oder „Sklavin" muss hier offen bleiben – aus der Verleugnungsgeschichte des Petrus Mk 14,66-72par zählen. In keinem der neueren wissenschaftlichen Kommentare wird darüber nachgedacht, warum es in allen Evangelien ausgerechnet eine junge Dienerin ist, die den Stein ins Rollen bringt, Petrus entdeckt, anspricht und die erste Verleugnung provoziert. Der weitere Hergang der Geschichte wird von den

Evangelisten unterschiedlich berichtet: Nun schalten sich die Männer ein, die Situation spitzt sich zu. Nur Markus und Matthäus lassen noch einmal dieselbe bzw. eine andere Magd an Petrus herantreten.

Angesichts dieses Befundes mag es auch auffallen, dass das Gespräch mit der Magd in den biblischen Darstellungen des Themas „Verleugnung Petri“ vorherrscht. Manchmal, wie zum Beispiel im Codex Egberti, erscheinen überhaupt nur Petrus und die Frau.

Bei der Bevorzugung dieser Szene in der Kunst wird wohl der reizvolle Kontrast „junge Frau – alter Mann“ eine wichtige Rolle gespielt haben. Aber wenn diese Konstellation – so wie auch in Rembrandts Beitrag zum Thema – das Bild beherrscht, sieht man sich umso mehr angeregt zu fragen: Warum eigentlich eine Frau?

Sehr gegensätzliche Deutungen sind denkbar:

Ist das insofern mal wieder „typisch Frau“, als sie hier die Verführerin und Versucherin darstellt? Ist sie „agent provocateur“ des Satans, dessen Macht sich bekanntlich so oft der Schwäche des Weibes bediente, um den Menschen – den Mann – vom Pfad der Tugend zu locken?

Oder ist sie ganz im Gegenteil Werkzeug einer göttlichen Pädagogik, der es darum geht, den Petrus, der den Mund ja reichlich vollgenommen hatte (// HERR, MIT DIR BIN ICH BEREIT, AUCH INS GEFÄNGNIS UND IN DEN TOD ZU GEHEN // [Lk 22,33]), auf den Boden der Tatsachen zurückzuholen? Zugegeben, Petrus war seinem Herrn mutig „nachgefolgt“ in die Höhle des Löwen – // MITTEN UNTER SIE //, so Lk 22,55, hatte er sich ans Feuer im Hof des Hohenpriesters gesetzt. Aber das war auch ganz schön „hochmütig“, zumal er ausdrücklich gewarnt worden war (Mk 14,30par). Petrus muss lernen, dass Hochmut vor dem Fall kommt. Sein Kollege Paulus hat später – aufgrund eigener Erfahrung(!) – gemahnt: // WER ALSO ZU STEHEN MEINT, GEBE ACHT, DASS ER NICHT FÄLLT. // [1 Kor 10,12] Ist es nicht folgerichtig, dass in diesem schwierigen Lernprozess für das „gestandene Mannsbild" eine Frau eine so wichtige Rolle spielt? Die Magd verführt den Petrus nicht, sie bekehrt ihn. Und diese Bekehrung hat entschieden etwas mit den Rollen von Mann und Frau zu tun. Die Umkehr des Petrus findet ihren Ausdruck am Ende der Geschichte in einem ungemein sympathischen, aber ganz „unmännlichen" Gefühlsausbruch: Petrus // GING HINAUS UND WEINTE BITTERLICH. // [Lk 22,62].

Das Gemälde im Amsterdamer Reichsmuseum ist ein Spätwerk des Meisters – signiert und datiert: Rembrandt 1660. Das Bild misst 154 x 169 cm, die Hauptpersonen als Halb- oder Zweidrittelfiguren sind also etwa lebensgroß (vgl. Farbtafel 12). In dieser Komposition des Bildes ebenso wie in der Lichtregie – das berühmte Hell-Dunkel – folgt Rembrandt niederländischen Vorbildern, die sich an dem Italiener Caravaggio orientieren.
In der Mittelachse des Bildes entsteht durch den verdeckten Schein einer Kerze, mit der die Magd das Gesicht Petri zu erkennen sucht, ein auffälliges Lichtzentrum, um das herum Rembrandt die übrige Szenerie ziemlich gleichgewichtig gruppiert hat: links die junge Frau, dann – sozusagen die Fortsetzung der Geschichte auf die dreifache Verleugnung hin – zwei Soldaten, die bereits aufmerksam geworden sind und auf den Jünger blicken; rechts Petrus und im Hintergrund der gefesselte Jesus zwischen Bewachern, er wendet sich zu Petrus um. So werden mit den Blicken der Personen im Bild auch die Augen des Betrachters auf den „tragischen Helden" des Bildes gelenkt.

Rembrandt hat in seiner Darstellung der Szene einige bemerkenswerte Akzente gesetzt. Sie betreffen Gestik und Mimik der beiden Hauptpersonen, Petrus und die Magd und ihre Beziehung zueinander. Üblich – und auch der Dramaturgie der Erzählung entsprechend – ist es, die Magd in einer anklagenden oder zumindest hinweisenden Gebärde zu zeigen. Meistens werden schon weitere Personen aufmerksam gemacht: // DER WAR AUCH MIT IHM ZUSAMMEN. // [Lk 22,56]. Petrus reagiert mit einer abwehrenden Geste oder einer Unschuldsbeteuerung, eben der „Verleugnung".

Nichts von alldem in Rembrandts Bild. Die Haltung der Magd ist in keiner Weise aggressiv; behutsam schützt sie mit der Rechten das Kerzenlicht und schaut Petrus ruhig an. Ihr Gesicht liegt fast vollständig im Schatten. Dagegen erscheint die Physiognomie des Apostels voll im Licht der Kerze. [vgl. ABB. 34]

[ABB. 34]

„Licht“ veranschaulicht bei Rembrandt das „Erkennen“ und „Erkanntwerden“. Hier scheint es besonders die Funktion zu haben, dem Betrachter bildlich zu vermitteln, dass Petrus sich selbst erkennt. Er schrickt nicht zurück vor dem Licht, vor dem „Erkanntwerden“. Er beteuert nicht seine Unschuld, sondern im Gegenteil: er schlägt sich mit der durch die umgehängte Decke verhüllten Rechten auf die Brust. Er bekennt seine Schuld, das Schlagen an die Brust ist in der Bibel ritueller Ausdruck des Sündenbekenntnisses und der Umkehr (vgl. etwa Jes 32,12 und Lk 18,13). Christian Tümpel hat auf die sehr ungewöhnliche Bekleidung des Petrus mit der dicken Decke – oder einem Mantel – aufmerksam gemacht. Rembrandt betont mit diesem Motiv, das in der Bildtradition sonst nicht vorkommt, das „Enthüllen“ und „Verhüllen“. Dies – so könnte man hinzufügen – nicht nur im vordergründigen Sinne des Aufdeckens der Identität des Jüngers, der sich zu verstecken suchte. Grundsätzlicher geht es hier um eine „Offenbarung“, um das Offenbarwerden menschlicher Schwäche und Sündhaftigkeit. Petrus schaut in das Licht der Kerze wie in sein eigenes Inneres.
Die ausgestreckte linke Hand wirkt rührend hilflos. (Mir fällt Huub Osterhuis‘ Lied „Ich steh vor dir mit leeren Händen, Herr“ ein: „Von Zweifeln ist mein Leben übermannt, mein Unvermögen hält mich ganz gefangen…“), aber über ihr erscheint der gefesselte Christus, der sich in eben diesem Augenblick umdreht und Petrus anschaut. [vgl. ABB. 35]
Von dieser „Zuwendung“ Jesu erzählt nur das Lukasevangelium (Lk 22,61). Äußerlich gesehen klingt die Notiz eher unwahrscheinlich, wenn nicht unmöglich: Christus ist im Haus, Petrus auf dem Hof. Lukas meint eben vielmehr ein inneres Geschehen. Er lässt auch hier eines der Hauptthe-

men seines Evangeliums anklingen: die Zuwendung Jesu zu den Sündern. Der Mensch, auch wenn er sich von Gott oder Jesus abwendet, kann seine Zuwendung nicht verlieren.
In der Bildtradition ist das Bild des gefangenen Jesus vor dem Hohenpriester nicht selten mit der Verleugnungsgeschichte verbunden worden, allerdings im Sinne des Kontrastes: dort der Bekenner, hier der Verleugner. Rembrandt schafft eine Bildeinheit in einem anderen Sinne. Das Bild des Gefangenen erscheint als inneres Bild des Jüngers; Petrus spürt den Blick Jesu, seine Hand öffnet sich der Zuwendung durch den Herrn und seiner vergebenden Liebe. Er erkennt seine eigene Schwäche, er weiß sich so der Gnade bedürftig.
Rembrandts Bild ist mit dem Titel „Verleugnung des Petrus" schlecht überschrieben; es ist vielmehr ein Bild seiner Umkehr.

[ABB. 35]

SPIEGELBILDER

Die folgenden vier Bildbetrachtungen gehen auf eine Reihe von „Predigten“ zurück, die ich in Frühschichten in der Fastenzeit gehalten habe. Die Reihe der Gottesdienste am frühen Morgen stand unter der Überschrift: Spiegelbilder. Dem biblischen Lesungstext wurde je ein Bild von Rembrandt an die Seite gestellt, zunächst still betrachtet und dann erläutert. Außer den hier vorgestellten vier Bildern gehörte auch noch die „Heimkehr des verloren Sohnes“ aus St. Petersburg (s.o.) zu dieser Reihe. Die „Stärke“ der Werke Rembrandts zu biblischen Themen konnte hier voll ausgespielt werden: Es sind nicht bloß anschaubare Auslegungen der Heiligen Schrift oder auch künstlerisch eigenwillige „An-Sichten“ und „Ein-Sichten“. Sie stellen den Bezug der Bibel zum Leben, zu menschlichen Grunderfahrungen her. Wir können uns wieder erkennen. Deswegen: Spiegelbilder.

PAUSE

Jesus im Kreis seiner Jünger: Es fällt schwer, diese Skizze des jungen Rembrandt – 1634 ist sie entstanden – einer bestimmten Szene aus den Evangelien zuzuordnen. (vgl. Farbtafel 13) Aber ich glaube: Das ist auch gar nicht beabsichtigt. Zeit und Raum bleiben unbestimmt. Das Bild

[ABB. 36 JESUS IM KREIS SEINER JÜNGER]

sagt so: immer wieder und überall. Und ich denke, wir dürfen hinzufügen: Auch heute.

Weil das Bild eine offene Situation zeigt, können wir es im Licht ganz verschiedener Texte betrachten. Mir fällt eine Szene ein, die nur der Evangelist Markus so erzählt. Und in dieser Szene ist mir Jesus richtig sympathisch. Ich habe dieses moderne Wort bewusst gewählt. Ich meine damit nicht einen bestimmten Charakterzug, obwohl ich schon glaube, dass Jesus ein sympathischer Mensch war, wenngleich er manchmal auch sehr schroff und ungemütlich werden konnte. Aber ich meine eher das Gefühl der Sympathie: wo mir Zuneigung leicht fällt, indem sich Nähe herstellt, wo mir warm ums Herz wird.

Also mir fällt das beim Menschen Jesus meistens sehr schwer. Der Abstand ist so groß, Zeiten und Räume liegen als Distanz zwischen ihm und mir. Und die biblischen Erzählungen bringen ihn mir in der Regel auch nicht näher: Wenn er zum Beispiel als überlegener Lehrer und Verkünder des Gottesreiches, als mächtiger Wundertäter, als Sohn Gottes und Erlöser erscheint.
Aber: Es gibt ein paar Ausnahmen. Da kommt bei mir dieses Gefühl auf: Wie sympathisch! Richtig in Ordnung, der Mann. Freut mich wirklich, ihn kennen zu lernen! Zum Beispiel diese wenigen Verse aus dem Markusevangelium:

// DIE APOSTEL VERSAMMELTEN SICH WIEDER BEI JESUS UND BERICHTETEN IHM ALLES, WAS SIE GETAN UND GELEHRT HATTEN. DA SAGTE ER ZU IHNEN: KOMMT MIT AN EINEN EINSAMEN ORT, WO WIR ALLEIN SIND, UND RUHT EIN WENIG AUS. DENN SIE FANDEN NICHT EINMAL ZEIT ZUM ESSEN, SO ZAHLREICH WAREN DIE LEUTE, DIE KAMEN UND GINGEN. SIE FUHREN ALSO MIT DEM BOOT IN EINE EINSAME GEGEND, UM ALLEIN ZU SEIN. //
[Mk 6,30-32]

Das ist die Situation: // SIE FANDEN NICHT EINMAL ZEIT ZUM ESSEN. // Die frohe Botschaft kommt an, der Zulauf ist riesig. Es boomt, würden wir heute sagen. Die Exegeten nennen diese so erfolgreiche Zeit am Anfang des öffentlichen Wirkens Jesu manchmal den „galiläischen Frühling". Jesus und seine Jünger tragen die frohe Botschaft zu den Menschen, und die Menschen warten gar nicht erst, bis die Botschaft zu ihnen kommt. Sie selbst strömen herbei. Drängeln sich zu Jesus und seinen Jüngern.
So weit, so gut; man könnte fast neidisch werden. Aber irgendwann reicht es. Und Jesus erkennt diese Situation und sagt: Leute, jetzt lasst mal gut sein. Macht eine Pause!

Ich spüre wirklich aus den Sätzen, die da im Evangelium stehen, einen Strom von Wärme fließen: // KOMMT MIT AN EINEN EINSAMEN ORT, WO WIR ALLEIN SIND, UND RUHT EIN WENIG AUS. // [Mk 6,31]
Tut das gut! Nicht nur den Jüngern damals. Ist das nicht auch ein Traum von einem Chef? Der weiß, was seine Leute brauchen? Auch wenn die Arbeit noch so wichtig ist. Und die Not der Menschen groß. Jesus sagt: παύσασθε! (pausasthe). Ja, das deutsche Wort „Pause" kommt von dem griechischen Wort, das da im Markusevangelium steht. „Hört auf, ruht euch aus."
Das ist übrigens nicht nur menschlich und sympathisch. Sondern auch vernünftig. Es ist unsinnig, sich kaputt zu malochen. Auch nicht für eine gute Sache. Auch nicht im „Weinberg des Herrn", im Dienst am Nächsten, für Gemeinde und Kirche.
Wir hören hier eindeutig: Das ist nicht im Sinne des Erfinders. Einsatz und Engagement sind wichtig und lobenswert, aber nicht ununterbrochen. Jesus zieht seine Leute für einige Zeit aus dem Verkehr. Ich stell' mir das ganz schön vor, so eine Auszeit mit Jesus. Ich vermute, es gab Brot und Wein und gute Gespräche. Man redet sich was von der Seele und fragt, wie es den anderen ergangen ist – freut sich über Erfolge und leckt seine Wunden. Man erlebt die Gemeinschaft, die trägt und Mut macht und aus der man neue Energie schöpft. Gemeinschaft untereinander und Gemeinschaft mit Jesus.

Schauen wir mit diesem Text und diesen Überlegungen auf Rembrandts Skizze. Da wird deutlich, dass ich hier nicht einfach ein „Wellness-Gefühl" herbeireden will.
Die Dunkelheit, die die Gruppe der Jünger mit Jesus umfängt, ist ja nicht bloß die abendliche Dämmerung. Man

kann sie auch als bedrohlich oder bedrückend empfinden. Die Gesichter mancher Jünger sprechen Bände.
Sie sind angespannt, besorgt. [vgl. ABB. 37] Die Lage ist ernst – aber nicht hoffnungslos. Im Innern dieser Gemeinschaft breitet sich ein Licht aus, das eindeutig von Jesus ausgeht. Der hat Ausstrahlung, im wahrsten Sinne. Nicht des Wortes, sondern des Bildes.
Diese Ausstrahlung erreicht nicht alle in gleicher Weise. Aber im hellsten Licht erscheint ausgerechnet einer, der schläft. Ich denke noch einmal an die Situation der Müdigkeit und Erschöpfung, die eine Pause nötig macht. Der Jünger vorne links scheint heimlich zu gähnen und der ganz rechts muss sein Haupt schwer stützen. Und einer schläft. [vgl. ABB. 38]
Rembrandt hat ihm jugendlich-weiche Züge verliehen, so wie in der christlichen Bildtradition der Lieblingsjünger. Also noch ein Sympathieträger. Das helle Licht, das über ihm ausgebreitet ist, mag signalisieren: Auch wenn er die Augen geschlossen hat, kriegt er doch jede Menge mit. Vielleicht sollen wir an das berühmte Psalmwort denken:

// DENN DER HERR GIBT ES DEN SEINEN IM SCHLAF. // [Ps 127,2b]

Der Herr – dass Jesus der Chef im Kreis ist, ist natürlich nicht zu übersehen. Nicht nur wegen seiner „Ausstrahlung". Jesus redet. Das ist die Energiequelle: Sein Wort. Er redet, die anderen hören. [vgl. ABB. 39]
Und wie er redet. Engagiert – „Hand aufs Herz"– zugewandt, herausfordernd und gelassen zugleich. So deute ich zumindest die Linke, die in die Hüfte gestemmt ist. Und obwohl Rembrandt Jesus ein wenig über den anderen sitzen lässt, ist er doch ein Teil dieser Gemeinschaft, er sitzt mit im Kreis. Fast hätte ich es vergessen: In diesem erlauchten Kreis ist noch Raum für andere.

[ABB. 37]

[ABB. 38]

[ABB. 39]

Die Komposition scheint es darauf anzulegen, dass wir hinzutreten können. Denn die Gruppe schottet sich nicht zum Vordergrund hin ab, sondern hat extra zwei Zugänge offengelassen. Es könnte ja sein, dass wir Platz nehmen wollen. Dass wir dabei sein wollen, bei dieser schönen „Pause" (vgl. Bildtafel 13).
Sollte jemand neidisch werden, kann ich nur sagen: Solche Pausen können Sie haben. Haben wir ständig im Angebot. Sie haben verschiedene schöne Namen. „Sonntag" zum Beispiel. Oder auch „Fastenzeit". Manche kirchlichen Angebote kommen weniger liturgisch-theologisch markant daher und nennen sich „Auszeit" oder „Atempause". Aber gemeint ist immer dasselbe. Das, was Rembrandts Skizze zeigt:
Zeit für uns. Gemeinschaft mit Jesus. Hören auf sein Wort.

Sehr populär ist der Mann nicht. „Mit Paulus kann ich nicht viel anfangen", hör' ich immer wieder. Insbesondere auch die Frauen sagen ihm wenig Gutes nach. Da stehe ich dann mit meinem Respekt und meiner Zuneigung für den „Völkerapostel" ziemlich alleine da.
Ich verstehe natürlich: Wenn man in der sonntäglichen Lesung nur aus dem Zusammenhang gerissene Sätze aus knapp 2000 Jahre alten Briefen vorgelesen bekommt, wird einem der Autor als lebensferner und Phrasen dreschender, frommer Theologe erscheinen. Und die Grußlisten aus den Briefen werden gar nicht erst gelesen. Da bringt Paulus nämlich seine Wertschätzung gegenüber den Frauen überzeugend und ganz selbstverständlich zum Ausdruck und hebt ihre Unentbehrlichkeit im Aufbau und in der Leitung der frühen Gemeinden hervor. Und was vielleicht am wichtigsten und ganz überraschend ist: Er scheint diese Frauen zu mögen. (Ich erlaube mir den naheliegenden Umkehrschluss: Wahrscheinlich mochten diese Frauen auch ihn!)
Rembrandts Werk „Paulus im Gefängnis" ist vielleicht geeignet, den skeptischen Zeitgenossen ein anderes Paulusbild nahe zu bringen (vgl. Bildtafel 14). Deswegen zeige ich es gerne und frage als erstes: Was spielt sich hinter dieser hohen Stirn mit ihren Falten und Furchen ab? Wohin blicken die geweiteten Augen unter den hochgezogenen Augenbrauen? Um welche Formulierung ringt der Schreiber, der – typische Geste der Nachdenklichkeit – die Hand an die Lippe geführt hat und dabei den Ellenbogen leicht aufstützt?

[ABB. 40 PAULUS IM GEFÄNGNIS]

Ich sehe auf die geröteten Augenlider und denke: Der macht sich wirklich schlaflose Nächte. Aber müde wirkt er trotzdem nicht. Im Gegenteil – in diesem alten Mann steckt eine ungeheure Energie! [vgl. ABB. 40]
Ich darf darauf hinweisen, dass wir hier nicht lange spekulieren müssen. Wir kennen einige der Briefe, die Paulus geschrieben hat. Und einer davon ist ganz bestimmt im Gefängnis entstanden. Das ist der Brief, den Paulus an die Gemeinde in Philippi geschrieben hat. Einige Abschnitte daraus passen unglaublich gut zu Rembrandts Bild. Man könnte meinen, der Maler hätte sie im Ohr gehabt, als er dieses Bild malte. Am schönsten finde ich gleich die Eingangspassage. Sie klingt – fromme Paulusverehrer ebenso wie kämpferische Paulusgegner mögen mir diese Übertreibung verzeihen – stellenweise fast wie ein Liebesbrief:

// ICH DANKE MEINEM GOTT JEDES MAL, WENN ICH AN EUCH DENKE; IMMER, WENN ICH FÜR EUCH ALLE BETE, TUE ICH ES MIT FREUDE UND DANKE GOTT DAFÜR, DASS IHR EUCH GEMEINSAM FÜR DAS EVANGELIUM EINGESETZT HABT VOM ERSTEN TAG AN BIS JETZT. ICH VERTRAUE DARAUF, DASS ER, DER BEI EUCH DAS GUTE WERK BEGONNEN HAT, ES AUCH VOLLENDEN WIRD BIS ZUM TAG CHRISTI JESU. ES IST NUR RECHT, DASS ICH SO ÜBER EUCH ALLE DENKE, WEIL ICH EUCH INS HERZ GESCHLOSSEN HABE. DENN IHR ALLE HABT ANTEIL AN DER GNADE, DIE MIR DURCH MEINE GEFANGENSCHAFT UND DIE VERTEIDIGUNG UND BEKRÄFTIGUNG DES EVANGELIUMS GEWÄHRT IST. GOTT IST MEIN ZEUGE, WIE ICH MICH NACH EUCH ALLEN SEHNE MIT DER HERZLICHEN LIEBE, DIE CHRISTUS JESUS ZU EUCH HAT. UND ICH BETE DARUM, DASS EURE LIEBE IMMER NOCH REICHER AN EINSICHT UND VERSTÄNDNIS WIRD. //

[Phil 1,3-9]

Es gehört nicht viel Phantasie dazu, sich vorzustellen, dass solche Worte den Menschen in Philippi richtig gut getan haben. Bravo, Paulus! Das ist ja nun wirklich nicht leicht,

Worte zu finden, die Vertrauen in die Zukunft wecken, die stark machen.
Dabei geht es dem Apostel selbst überhaupt nicht gut! Er steckt im Gefängnis. Womit wir wieder bei Rembrandts Paulusbild sind. Es gibt viele Bildzeichen in diesem Werk, die die Situation des Gefangenseins, der Unfreiheit und der Schwäche aufbrechen und signalisieren: Dem Briefeschreiber geht es vielleicht nicht gut, aber er ist trotzdem stark. Und deswegen kann er andere mit seinem Wort stärken.

Als erstes sticht vielleicht das Schwert ins Auge, das links ans Bett gelehnt ist. [vgl. ABB. 41] Das widerspricht ja geradezu der Gefängnissituation: Man wird einen Gefangenen wohl kaum mit einer solchen Waffe ausstatten. Aber zunächst einmal ist sie das überlieferte Kennzeichen, das in der christlichen Bildtradition zum Apostel Paulus gehört. Die Attribute der Heiligen sind häufig aus der Art der Hinrichtung eines Märtyrers abgeleitet. Paulus ist nach der Überlieferung enthauptet worden, deswegen zeigt man ihn mit dem Schwert. Aber ich meine doch, dass wir hier nicht nur einen Hinweis darauf sehen

[ABB. 41]

dürfen, dass dem Apostel noch Schlimmeres als Kerkerhaft droht. Ganz auffällig lehnt das Schwert ja auch zwischen den Büchern. Ich denke an die Formulierung im Epheserbrief: // NEHMT[...] DAS SCHWERT DES GEISTES, DAS IST DAS WORT GOTTES. // [Eph 6,17] Der menschlichen Ohnmacht und Wehrlosigkeit wird die Macht des Wortes gegenübergestellt, die alle anderen „Mächte" überwinden kann. Mit den Worten des Hebräerbriefs: // DENN LEBENDIG IST GOTTES WORT, KRAFTVOLL UND SCHÄRFER ALS JEDES ZWEISCHNEIDIGE SCHWERT. // [Hebr 4,12]

Zwei Halbsäulen gliedern die Wand im Hintergrund. Die rechte Säule scheint geradezu aus der sitzenden Gestalt hervorzuwachsen. Auch hier erkenne ich zeichenhafte Bezüge. Im Galaterbrief kennzeichnet Paulus selbst mit dem Bildwort von den „Säulen" die „tragende Rolle", die die führenden Jerusalemer Apostel Petrus, Jakobus und Johannes in der Urgemeinde spielten (Gal 2,9) Bei Jeremia spricht Gott mit diesem Bild dem bedrängten Propheten Mut und Kraft zu: // ICH SELBST MACHE DICH [...] ZUR EISERNEN SÄULE. // [Jer 1,18]

Insbesondere aber hat Rembrandt auf die Wirkung des Lichts gesetzt. Paulus wird erleuchtet, der helle Schein vom Fenster her durchbricht das Dunkel der Kerkerzelle, hebt den Apostel hervor – und betont dabei besonders seine Denkerstirn. Der Fensterumriss zeichnet sich als Lichtfläche auf der Rückwand ab und wird dort zu einem markanten Pfeil, der nach oben zeigt. [vgl. ABB. 42]

Hier hat nun Rembrandt noch einen besonders raffinierten Bildeinfall inszeniert: Am Lichtreflex auf der Fensterlaibung links erkennt man deutlich, dass das Zellenfenster vergittert sein muss. Aber hinter Paulus zeichnen sich keine Gitterstäbe als Schatten ab!

[ABB. 42]

Rembrandt gelingt so ein „einleuchtendes“ Bild einer Freiheit, die allen äußeren Verhältnissen zu widersprechen scheint – und ihnen trotzt. Paulus gefangen? Vergiss es!
Und dann sind da noch die Sandalen. Geradezu demonstrativ ist eine ausgezogen, die andere am Fuß. Ich denke in zwei Richtungen. Zum einen fühle ich mich an die Geschichte vom „brennenden Dornbusch“ erinnert. Die Gotteserfahrung des Mose ist dort mit der Mahnung verbunden: // LEG DEINE SCHUHE AB; DENN DER ORT, WO DU STEHST, IST HEILIGER BODEN. // [Ex 3,5]
Die ausgezogene Sandale des Paulus verwandelt die Kerkerzelle in „heiligen Boden“, in einen Ort, wo Gottes Nähe und seine Zuwendung spürbar werden kann. [vgl. ABB. 43]
Eine Sandale aus, eine Sandale an. Ich denke hier auch an die merkwürdige Zerrissenheit, von der Paulus gerade im Brief an seine Lieblingsgemeinde in Philippi so eindringlich spricht. Ihn erfüllt die Sehnsucht, „bei Christus zu

sein", aber er weiß auch, wie wichtig seine „irdische" Aufgabe für die Gemeinden ist:

// DENN FÜR MICH IST CHRISTUS DAS LEBEN UND STERBEN GEWINN. WENN ICH ABER WEITERLEBEN SOLL, BEDEUTET DAS FÜR MICH FRUCHTBARE ARBEIT. WAS SOLL ICH WÄHLEN? ICH WEISS ES NICHT. ES ZIEHT MICH NACH BEIDEN SEITEN: ICH SEHNE MICH DANACH, AUFZUBRECHEN UND BEI CHRISTUS ZU SEIN – UM WIE VIEL BESSER WÄRE DAS! ABER EURETWEGEN IST ES NOTWENDIGER, DASS ICH AM LEBEN BLEIBE. //
[Phil 1,21-24]

Schließlich ruht der nackte Fuß auf einem ganz auffälligen Felsen im Fußboden. Noch einmal wird in Rembrandts Bild deutlich, was die Stärke des Apostels ausmacht, wer die Quelle seiner Kraft ist. Wir können an „Christus, den Felsen" denken, von dem auch Paulus selbst spricht (1 Kor 10,4); mir fallen aber insbesondere die zahlreichen Gebete und Psalmworte der Bibel ein, die Gott im Bild des Felsen ansprechen. Zum Beispiel Psalm 18:

// HERR, DU MEIN FELS, MEINE BURG, MEIN RETTER, MEIN GOTT, MEINE FESTE, IN DER ICH MICH BERGE, MEIN SCHILD UND SICHERES HEIL, MEINE ZUFLUCHT. //
[Ps 18,3]

In Vorträgen und Seminaren kann ich mir nach der Auseinandersetzung mit diesem Werk nur selten verkneifen zu fragen: Wie alt muss man sein, um ein solches Bild zu malen? Die Schätzungen schwanken zwischen 50 und 60. Von Altersweisheit, von Reife und reichen Lebenserfahrungen ist dann die Rede. Von mir kommt dann betont nüchtern die Aufklärung: Das Bild ist ein Jugendwerk, der Maler ist gerade 21!

[ABB. 43]

Rembrandts Radierung vom Gebet Jesu im Garten Getsemani ist ein ganz kleines Werk, kleiner als unser Gesangbuch (vgl. Bildtafel 15). Ich betone das nicht, damit wir die Kunstfertigkeit dieser „Miniatur" bestaunen – so nach dem Motto: Guck mal, was der da alles untergebracht hat. Nein, ich meine schlicht und einfach: Diese „Größe" passt zum Inhalt. Zu dieser Geschichte passt kein monumentales Format, das hier ist keine Heldengeschichte.
Aber trotzdem oder vielleicht auch gerade deswegen ist sie eine der allerwichtigsten Geschichten aus dem Leben Jesu. Wenn es diese Szene am Vorabend seines Todes nicht gäbe, ich wüsste mit dem Glauben an Christus als unserem Erlöser wenig anzufangen. Wie wichtig diese Geschichte ist, zeigt auch eine Äußerlichkeit. Nur ganz selten finden sich außerhalb der Evangelien im Neuen Testament Hinweise auf das Leben Jesu. Aber der Verfasser des Hebräerbriefes greift ausdrücklich auf dieses Geschehen in Getsemani zurück und deutet es:

// WIR HABEN JA NICHT EINEN HOHENPRIESTER, DER NICHT MITFÜHLEN KÖNNTE MIT UNSERER SCHWÄCHE, SONDERN EINEN, DER IN ALLEM WIE WIR IN VERSUCHUNG GEFÜHRT WORDEN IST, ABER NICHT GESÜNDIGT HAT. [...] ALS ER AUF ERDEN LEBTE, HAT ER MIT LAUTEM SCHREIEN UND UNTER TRÄNEN GEBETE UND BITTEN VOR DEN GEBRACHT, DER IHN AUS DEM TOD RETTEN KONNTE, UND ER IST ERHÖRT UND AUS SEINER ANGST BEFREIT WORDEN. OBWOHL ER DER SOHN WAR, HAT ER DURCH LEIDEN DEN GEHORSAM GELERNT; ZUR VOLLENDUNG GELANGT, IST ER FÜR ALLE, DIE IHM GEHORCHEN, DER URHEBER DES EWIGEN HEILS GEWORDEN. //

[Hebr 4,15; 5,7-9]

Ein Mensch wie wir. Deswegen lohnt es sich, auf Rembrandts Bild zu schauen. Ich meine sogar: Nur deswegen.

Ohne diese Schwäche und Angst, ohne diese Leidensfähigkeit wäre er für mich kein Erlöser. Wäre da nur eine scheinbar menschliche Gestalt, die im vollen Bewusstsein ihrer Göttlichkeit ein Schauspiel des Leidens aufführte: Sie könnte mir gestohlen bleiben!

[ABB. 44 JESUS IM GARTEN GETSEMANI]

Hier aber sehe ich einen Menschen, den die Angst in die Knie gezwungen hat. [vgl. ABB. 44] Wir müssen dieses Knien – nur der Evangelist Lukas (Lk 22,41) berichtet davon – richtig verstehen. Die „normale" Gebetshaltung der Juden und der Antike überhaupt ist das Stehen. Wer kniet, dem fehlt die Kraft zum Stehen. Rembrandt hat Jesus ohne das geringste Kennzeichen göttlicher Größe dargestellt. Wäre da nicht der Engel, könnte Jesus auch die Arme nicht mehr zum Gebet erheben und würde völlig zusammenbrechen.

// VATER, WENN DU WILLST, NIMM DIESEN KELCH VON MIR! // [Lk 22,42a]

In der Bildtradition wird dieses Gebetswort realistisch in die Bildwelt übertragen und ein „Leidenskelch" – häufig mit einem Kreuz darauf – als Hinweis auf das drohende Unheil gezeigt. Rembrandt hingegen schafft ohne aufgesetzte Symbole eine überzeugende Atmosphäre der Bedrohung. Links ragt ein mächtiger schwarzer Turm in den Himmel, dunkle Wolken sind aufgezogen und haben den vollen Mond schon halb bedeckt. Hier erinnert mich die Radierung an einige Verse aus dem berühmten Getsemani-Gedicht „Bei stiller Nacht, zur ersten Wacht ...", das Rembrandts Zeitgenosse Friedrich von Spee geschrieben hat:

DER SCHÖNE MON WILL UNTERGOHN,
VOR LEID NICHT MEHR MAG SCHEINEN;
DIE STERNE LAN IHR GLITZEN STAHN,
MIT MIR SIE WOLLEN WEINEN.

Die Natur verstummt; und die Menschen sind ganz weit weg – die Freunde und die Feinde. Rembrandt zeigt die drei Apostel zwar äußerlich nahe, aber schlafend am Fuß des kleinen Berges („Ölberg"), auf dem Jesus betet; und im Hintergrund kommt aus dem Stadttor unterhalb des drohenden Turmes schon das Festnahmekommando heran.

[ABB. 45]

[ABB. 46]

Dieser Mensch ist von allen guten Geistern verlassen: die Freunde schlafen, die Feinde nicht. Jesus durchlebt einen Augenblick völliger Einsamkeit. [vgl. ABB. 45/46]

Aber ist da nicht – Gott sei Dank – dieser Engel? Zeigt er nicht unübersehbar, dass Jesu Gebet prompt erhört wurde und er in dieser Einsamkeit die Nähe Gottes erfahren durfte? Hebt der Engel nicht die Einsamkeit auf? Und wird damit nicht auch alles andere hinfällig, die Schwäche und die Angst, von der ich gesprochen habe? Ich glaube, so einfach ist das nicht. Schon im biblischen Text – nur der Evangelist Lukas erwähnt den Engel – ist das nicht so:

// DA ERSCHIEN IHM EIN ENGEL VOM HIMMEL UND GAB IHM KRAFT. UND ER BETETE IN SEINER ANGST NOCH INSTÄNDIGER, UND SEIN SCHWEISS WAR WIE BLUT, DAS AUF DIE ERDE TROPFTE. // [Lk 22,43f]

Also: der Engel kommt, aber die Angst bleibt, sie nimmt sogar noch zu. –

Und in Rembrandts Bild?

[ABB. 47]

Da sehen wir – betont in der Bildmitte – den Engel knien, der Jesus behutsam, fast zärtlich stützt. Und wir sehen sogar durch ein Bündel von Lichtstrahlen von links oben seine himmlische „Herkunft“ angedeutet. [vgl. ABB. 47]

Aber nur wir sehen das, Jesus sieht den Engel nicht! Er hat die Augen geschlossen. Überspitzt ausgedrückt: Er weiß gar nicht, dass er in diesem Augenblick getragen und gehalten wird bzw. wer ihn da hält.
Typisch Rembrandt! Das ist ein Grundzug, der immer wieder in seinen Werken zu entdecken ist. Dass er etwas sichtbar macht, das so nicht zu sehen ist. Aber er macht es nicht einfach nur sichtbar – sondern er zeigt auch, dass es nicht einfach sichtbar, offensichtlich, ist.

Jakob blieb allein zurück. // DA RANG MIT IHM EIN MANN, BIS DIE MORGENRÖTE AUFSTIEG // [Gen 32,25]. Das Thema von Rembrandts Bild ist eine der „großen" Geschichten von Gottesbegegnungen in der Bibel. Immer wieder hat der berühmte Künstler solche Themen sich vorgenommen. Das ist ja eine besondere Herausforderung an seine Kunst. Wie begegnet Gott den Menschen? Und wie kann ich das Unfassbare und Unbegreifbare sichtbar machen, ohne die Unsichtbarkeit zu verraten? Ein „Gottes-Bild", das zugleich dem Gebot gerecht wird, // KEIN GOTTESBILD ZU MACHEN // [vgl. Ex 20,2]?

Die Geschichte um Jakobs Kampf aus Gen 32,23-33 stammt aus der Urzeit Israels. Jakob ist eine Gestalt, in der sich all das verdichtet, was Israel, das Volk Gottes, mit Gott erfahren hat. Das wird in dieser Geschichte überdeutlich: Weil nämlich Jakob den Namen „Israel" bekommt, er ist Israel. Jakob ist nicht einer alleine. Das ist die Erfahrung eines ganzen Volkes: mit Gott zu streiten – im Guten wie im Bösen – und zugleich Gottes Nähe zu erfahren und seine Zuneigung zu spüren.

Die Geschichte aus der Genesis – und die Bilder dazu – werden häufig auch mit „Jakobs Kampf mit dem Engel" überschrieben. Auch Rembrandt hat das Thema unübersehbar so aufgefasst (vgl. Farbtafel 16). Da erstaunt es, dass im biblischen Text an keiner Stelle von einem „Engel" die Rede ist. Und von „Gott" erst ganz am Ende. Die Bibel erzählt: Jakob war allein – das ist wohl schon eine gute Voraussetzung, um eine besondere Erfahrung zu machen. Und Jakob kämpft mit einem Mann. Vielleicht sollte ich noch hinzufügen: Dieser Kampf findet in einer ausgemacht kritischen Situation im Leben Jakobs statt. Wie übrigens seine andere große Gotteserfahrung, der Traum von der Himmelstreppe (Gen 28,20-22) auch. Damals war er auf der Flucht vor seinem Bruder Esau, den er betrogen hatte. Und jetzt – rund 25 Jahre später – wagt er sich wieder nach Hause zurück. Die Wiederbegegnung mit Esau steht unmittelbar bevor. Die Bibel sagt ausdrücklich: // JAKOB WURDE ANGST UND BANGE // [GEN 32,8]. Noch eine gute Voraussetzung für eine ungeheure Erfahrung.

[ABB. 48 JAKOB RINGT MIT DEM ENGEL]

Ein Kampf mit „Gott". Ein gewagtes Thema. Und ein gewagtes Bild. Aber auch – so finde ich – ein faszinierend schönes Bild. Es widerspricht in gewisser Weise dem „Gottes-Bild" des Textes. Dieser „Engel" ist nicht einfach ein Mann, er entzieht sich, glaube ich, jeder geschlechtlichen Fixierung. Aber schön ist er, jung, anziehend, attraktiv – vielleicht ist es nicht ganz das Ideal unserer Zeit, aber Rembrandts gewiss. So schön wie möglich! Alles in allem eine ganz wichtige Ergänzung oder Korrektur zu unserem einseitigen Gottesbild, das fast nur „den alten Mann mit Bart" kennt.
Aber ehrlich gesagt: Einen erbitterten Ringkampf BIS ZUR MORGENRÖTE stell ich mir anders vor! Das hier ist doch mehr eine liebevolle Umarmung. [vgl. ABB. 49]

[ABB. 50]

[ABB. 49]

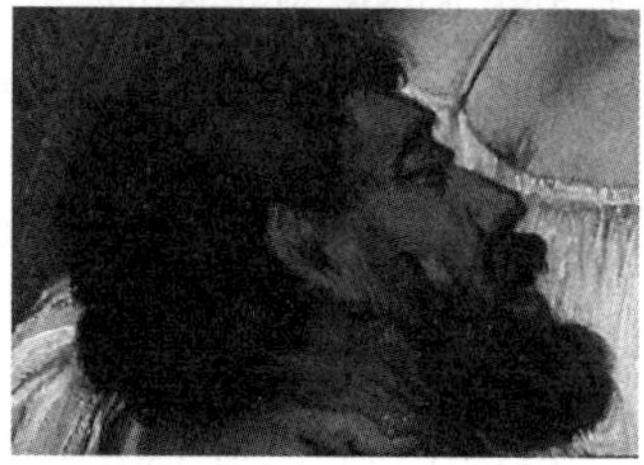

[ABB. 51]

Die Hand des Engels, die auf der Hüfte Jakobs liegt, ist wohl kaum als Schlag zu deuten, der dem Patriarchen einen ernsthaften und lebenslangen Hüftschaden einbringt (Gen 32,26). Und die Rechte liegt begütigend auf der Schulter, als wolle sie den verbissenen Kämpfer beruhigen. Nehme ich noch die Flügel des Engels hinzu – // IM SCHATTEN DEINER FLÜGEL FINDE ICH ZUFLUCHT // [Ps 57,2] – dann sehe ich hier mehr ein Bild der Geborgenheit: Geborgenheit bei Gott.

An einem Detail erkenne ich allerdings: Das Ringen hinterlässt Spuren. Nicht bei Jakob! Es ist das Gewand des Engels, das im Halsausschnitt deutlich erkennbar verrutscht ist. [vgl. ABB. 50]

Ein Moment von „Entblößung". Der in Spannung steht zu der Schönheit und der ruhigen Kraft des Engels. Ich denke: So ist das. Wenn Gott, der „große", ferne und unfassbare, den Menschen begegnet, dann gibt er etwas von sich, von seiner Hoheit auf, um sich „zu zeigen". Er „lässt sich herab", sagen die Theologen mit einer vielleicht etwas missverständlichen Formulierung. Diese Bewegung Gottes auf den Menschen zu hat ihren Gipfel erreicht in der Menschwerdung Gottes in Jesus Christus. Paulus nennt diesen Gipfel seine „Erniedrigung" (Phil 2,8). Rembrandt erfasst solche „Erniedrigung" in dem leicht übersehbaren Detail eines verrutschten Gewandes.

Nun müssen wir aber auch noch auf Jakob schauen. Rembrandt hat ihn als Rückenfigur ins Bild gebracht. So bietet er uns diesen Menschen, der „mit Gott ringt", als Identifikationsfigur an. In Rückenfiguren können wir sozusagen direkt hineinschlüpfen. Wir können das dargestellte Ereignis in der Rolle solcher Gestalten anschaulich miterleben, nachfühlen. Einer Erfahrung nachspüren. Unsere eigenen Erfahrungen darin spiegeln. Vielleicht auch die Sehnsucht nach solchen Begegnungen stärken – zwischen kämpferischer Herausforderung und liebevoller Zuwendung.

Am Ende der Geschichte wird erzählt, wie Jakob diesen Ringkampf mit einem Mann deutet: // JAKOB GAB DEM ORT DEN NAMEN PENUËL (GOTTESGESICHT) UND SAGTE: ICH HABE GOTT VON ANGESICHT ZU ANGESICHT GESEHEN. // [Gen 32,31] Schauen wir dem Jakob ins Gesicht, sehen wir etwas, was uns beim Maler Rembrandt nicht mehr wundert: [vgl. ABB. 51]

Jakob hat die Augen geschlossen. Derjenige, der da sagt: Ich habe gesehen. Das Wort „sehen" steht für eine Erfahrung, die alles menschliche „Sehen-Können", jedes sinnliche Augen-Erlebnis übersteigt. Um es mit Worten des Apostels Paulus zu sagen:

// DAS GROSSE, DAS GOTT DENEN BEREITET HAT, DIE IHN LIEBEN, IST ETWAS, WAS KEIN AUGE GESEHEN UND KEIN OHR GEHÖRT HAT //

[1 Kor 2,9]

BILDNACHWEIS

DIE FARBIGEN BILDTAFELN: REMBRANDT HARMENSZOON VAN RIJN (1606-1669)

FARBTAFEL 1: Simeon mit Jesus im Tempel, 1669; Öl/Lw., 80 x 99 cm; Nationalmuseum Stockholm; Foto: Archiv Herbert Fendrich

FARBTAFEL 2: Das Mahl in Emmaus, 1648; Öl/Holz, 68 x 65 cm; Paris, Musée Nationale du Louvre; Foto: Verlag Katholisches Bibelwerk Stuttgart

FARBTAFEL 3: Christuskopf (Jesus nach dem Leben), um 1648; Öl/Holz, 25 x 21,5 cm; Berlin, Gemäldegalerie; Foto: Verlag Katholisches Bibelwerk Stuttgart

FARBTAFEL 4: Die Opferung Isaaks, 1635; Öl/Lw., 193 x 133 cm; St. Petersburg, Eremitage; Foto: Verlag Katholisches Bibelwerk Stuttgart

FARBTAFEL 5: Abrahams Opfer, 1655; Radierung, 15,6 x 13,1 cm; Berlin, Staatliche Museen, Kupferstichkabinett; Foto: Bildarchiv Preußischer Kulturbesitz, Berlin 2006, Jörg P. Anders

FARBTAFEL 6: Abraham und Isaak, 1645; Radierung, 15,7 x 13 cm; Berlin, Staatliche Museen, Kupferstichkabinett; Foto: Bildarchiv Preußischer Kulturbesitz, Berlin 2006, Jörg P. Anders

FARBTAFEL 7: Marias Besuch bei Elisabeth, 1640; Öl/Holz, 57 x 48 cm; Detroit, The Detroit Institute of Arts; Foto: Archiv Herbert Fendrich

FARBTAFEL 8: Das Gleichnis vom Reichen/Der Geldwechsler, 1627; Öl/Holz, 31,9 x 42,5 cm; Berlin, Gemäldegalerie; Foto: Verlag Katholisches Bibelwerk Stuttgart

FARBTAFEL 9: Selbstbildnis mit Saskia (Der verlorene Sohn), um 1635; Öl/Lw., 161 x 131 cm; Dresden, Gemäldegalerie; Foto: Verlag Katholisches Bibelwerk Stuttgart

FARBTAFEL10: Die Rückkehr des verlorenen Sohnes, 1636; Radierung; 15,5 x 13,5 cm; Berlin, Staatliche Museen, Kupferstichkabinett; Foto: Bildarchiv Preußischer Kulturbesitz, Berlin 2006, Jörg P. Anders

FARBTAFEL 11: Die Heimkehr des verlorenen Sohnes, um 1666/1669; Öl/Lw., 262 x 206 cm; St. Petersburg, Eremitage; Foto: Verlag Katholisches Bibelwerk Stuttgart

FARBTAFEL 12: Die Verleugnung durch Petrus, 1660; Öl/Lw., 154 x 169 cm; Amsterdam, Rijksmuseum; Foto: Verlag Katholisches Bibelwerk Stuttgart

FARBTAFEL 13: Jesus im Kreis seiner Jünger, 1634; schwarz-rote Kreidezeichnung, mit Feder und Pinsel in verschiedenen Farben ausgestaltet; 35,5 x 47,6 cm; Haarlem Teylers Museum; Foto: Archiv Herbert Fendrich

FARBTAFEL 14: Paulus im Gefängnis, 1627; Öl/Holz, 72,8 x 60,3 cm; Stuttgart, Staatsgalerie; Foto: Verlag Katholisches Bibelwerk Stuttgart

FARBTAFEL 15: Jesus im Garten Getsemani, 1663; Radierung, 8,3 x 11 cm, Amsterdam, Rijksmuseum; Foto: Archiv Herbert Fendrich

FARBTAFEL 16: Jakob ringt mit dem Engel, um 1659/1660; Öl/Lw., 137 x 116 cm; Berlin, Gemäldegalerie; Foto: Verlag Katholisches Bibelwerk Stuttgart

DIE SCHWARZ-WEISSEN ABBILDUNGEN IM TEXT:

ALBRECHT DÜRER (1471-1528)
ABB 28: Der verlorene Sohn, um 1496; Kupferstich, 24,5 x 19 cm; Berlin, Staatliche Museen, Kupferstichkabinett; Foto: Bildarchiv Preußischer Kulturbesitz, Berlin 2006, Jörg P. Anders

HIERONYMUS BOSCH (UM 1450-1560)
ABB 29: Der verlorene Sohn (Der Landstreicher), um 1515; Öl/Holz, 70,6 cm Durchmesser; Rotterdam, Boymans v. Beuningen; Foto: Artothek, Weilheim

MICHELANGELO MERISI DA CARAVAGGIO (1573-1610)
ABB 17: Die Opferung Isaaks, um 1594-1596 oder 1601-1602; Öl/Lw., 104 x 135 cm; Florenz, Galleria degli Uffizi; Foto: Artothek, Weilheim

1 SIMEON MIT JESUS IM TEMPEL (vgl. S. 7)

2 DAS MAHL EMMAUS (vgl. S. 13)

3 CHRISTUSKOPF/JESUS NACH DEM LEBEN (vgl. S. 25)

4 DIE OPFERUNG ISAAKS (vgl. S. 33)

5 ABRAHAMS OPFER (vgl. S. 35)

6 ABRAHAM UND ISAAK (vgl. S. 35)

7 MARIAS BESUCH BEI ELISABETH (vgl. S. 41)

8 DAS GLEICHNIS VOM REICHEN/DER GELDWECHSLER (vgl. S. 44)

9 SELBSTBILDNIS MIT SASKIA/DER VERLORENE SOHN (vgl. S. 52)

10 DIE RÜCKKEHR DES VERLORENEN SOHNES (vgl. S. 55)

11 DIE HEIMKEHR DES VERLORENEN SOHNES (vgl. S. 59)

12 DIE VERLEUGNUNG DURCH PETRUS (vgl. S. 63)

13 JESUS IM KREIS SEINER JÜNGER (vgl. S. 67)

14 PAULUS IM GEFÄNGNIS (vgl. S. 73)

15 JESUS IM GARTEN GETSEMANI (vgl. S. 80)

16 JAKOB RINGT MIT DEM ENGEL (vgl. S. 85)